国土交通省大臣官房官庁営繕部監修

公共建築設計業務委託共通仕様書
建築工事監理業務委託共通仕様書

令和6年版

一般社団法人　公共建築協会

刊行にあたって

　国土交通省では、国家機関の建築物の整備や保全指導等を効率的かつ的確に実施するため、計画、設計、施工、保全等の各分野において、技術基準を定めており、その一つに「公共建築設計業務委託共通仕様書」及び「建築工事監理業務委託共通仕様書」があります。

　「公共建築設計業務委託共通仕様書」は、公共建築工事に係る設計業務を委託する際に、共通的な契約図書として業務の標準的な仕様を示したもので、平成15年3月に「官庁営繕関係基準類等の統一化に関する関係省庁連絡会議」において、公共建築工事に関する他の技術基準類とともに「統一基準」として決定されたものです。

　また、「建築工事監理業務委託共通仕様書」は、官庁施設の工事監理業務を委託する際に、共通的な契約図書として業務の標準的な仕様を示したものです。

　今般、令和6年1月9日、「建築士事務所の開設者がその業務に関して請求することのできる報酬の基準」が改正（令和6年国土交通省告示第8号。以下「業務報酬基準」という。）され、国土交通省大臣官房官庁営繕部においても、業務報酬基準の改正を反映して、業務量の算定方法の見直しを行い、「官庁施設の設計業務等積算基準」及び「官庁施設の設計業務等積算要領」の改定が行われました。

　これらを踏まえ、国土交通省大臣官房官庁営繕部では、令和6年3月26日付けで「公共建築設計業務委託共通仕様書」及び「建築工事監理業務委託共通仕様書」の改定を行いました。

　当協会では、これらの「公共建築設計業務委託共通仕様書」及び「建築工事監理業務委託共通仕様書」に、「建築設計業務委託契約書」及び「建築工事監理業務委託契約書」ほかについても併せて取りまとめ、この度『公共建築設計業務委託共通仕様書　建築工事監理業務委託共通仕様書　令和6年版』として刊行することといたしました。

　本書は、官庁施設の設計業務等の委託に当たっての参考図書として取りまとめたものですが、国家機関はもとより、地方公共団体等においても広く活用されることを願うものです。

令和6年5月

一般社団法人　公共建築協会

会　長　藤田　伊織

目　　次

参考資料

Ⅱ 建築工事監理業務委託共通仕様書

建築工事監理業務委託共通仕様書 (令和6年改定)

参考資料

Ⅲ　公共建築設計者情報システム（ＰＵＢＤＩＳ）

I　公共建築設計業務委託共通仕様書

公共建築設計業務委託共通仕様書

（令和6年改定）

　この共通仕様書は、国土交通省大臣官房官庁営繕部及び地方整備局等営繕部が官庁施設の営繕を実施するための基準として制定したものです。また、この共通仕様書は、官庁営繕関係基準類等の統一化に関する関係省庁連絡会議の決定に基づく統一基準です。

国 営 整 第 176 号
平成 20 年 3 月 31 日
最終改定　国 営 整 第 213 号
令和 6 年 3 月 26 日

公共建築設計業務委託共通仕様書

第1章　総　則

1．1　適　用

1．本共通仕様書（以下「共通仕様書」という。）は、建築設計業務（建築意匠、建築構造、電気設備、機械設備の設計業務及び積算業務をいうものとし、以下「設計業務」という。）の委託に適用する。

2．設計仕様書は、相互に補完するものとする。ただし、設計仕様書の間に相違がある場合、設計仕様書の優先順位は、次の(1)から(5)の順序のとおりとする。
   (1)　質問回答書
   (2)　現場説明書
   (3)　別冊の図面
   (4)　特記仕様書
   (5)　共通仕様書

3．受注者は、前項の規定により難い場合又は設計仕様書に明示のない場合若しくは疑義を生じた場合には、調査職員と協議するものとする。

1．2　用語の定義

共通仕様書に使用する用語の定義は、次の各項に定めるところによる。

1．「調査職員」とは、契約図書に定められた範囲内において受注者又は管理技術者に対する指示、承諾又は協議の職務等を行う者で、契約書の規定に基づき、発注者が定めた者をいう。

2．「検査職員」とは、設計業務の完了の確認、部分払の請求に係る既履行部分の確認及び部分引渡しの指定部分に係る業務の完了の確認を行う者で、契約書の規定に基づき、発注者が定めた者をいう。

3．「管理技術者」とは、契約の履行に関し、業務の管理及び統轄等を行う者で、契約書の規定に基づき、受注者が定めた者をいう。

4．「契約図書」とは、契約書及び設計仕様書をいう。

5．「設計仕様書」とは、質問回答書、現場説明書、別冊の図面、特記仕様書及び共通仕様書をいう。

6．「質問回答書」とは、別冊の図面、特記仕様書、共通仕様書及び現場説明書並びに現場説明に関する入札等参加者からの質問書に対して、発注者が回答した書面をいう。

7.「現場説明書」とは、設計業務の入札等に参加する者に対して、発注者が当該設計業務の契約条件を説明するための書面をいう。

8.「別冊の図面」とは、契約に際して発注者が交付した図面及び図面のもとになる計算書等をいう。

9.「特記仕様書」とは、設計業務の実施に関する明細又は特別な事項を定める図書をいう。

10.「共通仕様書」とは、設計業務に共通する事項を定める図書をいう。

11.「特記」とは、1.1の2.の(1)から(4)に指定された事項をいう。

12.「指示」とは、調査職員又は検査職員が受注者に対し、設計業務の遂行上必要な事項について書面をもって示し、実施させることをいう。

13.「請求」とは、発注者又は受注者が相手方に対し、契約内容の履行若しくは変更に関して書面をもって行為若しくは同意を求めることをいう。

14.「通知」とは、設計業務に関する事項について、書面をもって知らせることをいう。

15.「報告」とは、受注者が発注者又は調査職員若しくは検査職員に対し、設計業務の遂行に当たって調査及び検討した事項について通知することをいう。

16.「承諾」とは、受注者が発注者又は調査職員に対し、書面で申し出た設計業務の遂行上必要な事項について、発注者又は調査職員が書面により同意することをいう。

17.「協議」とは、書面により業務を遂行する上で必要な事項について、発注者と受注者が対等の立場で合議することをいう。

18.「提出」とは、受注者が発注者又は調査職員に対し、設計業務に係る書面又はその他の資料を説明し、差し出すことをいう。

19.「書面」とは、発行年月日及び氏名が記載された文書をいう。

20.「検査」とは、検査職員が契約図書に基づき、設計業務の完了の確認、部分払の請求に係る既履行部分の確認及び部分引渡しの指定部分に係る業務の完了の確認をすることをいう。

21.「打合せ」とは、設計業務を適正かつ円滑に実施するために管理技術者等と調査職員が面談等により、業務の方針、条件等の疑義を正すことをいう。

22.「修補」とは、発注者が受注者の負担に帰すべき理由による不良箇所を発見した場合に受注者が行うべき訂正、補足その他の措置をいう。

23.「協力者」とは、受注者が設計業務の遂行に当たって、その業務の一部を再委託する者をいう。

第2章　設計業務の範囲

　　設計業務は、一般業務及び追加業務とし、内容及び範囲は次による。

1.　一般業務の内容は、令和6年国土交通省告示第8号（以下「告示」という。）別添一第1項に掲げるものとし、範囲は特記による。

2.　追加業務の内容及び範囲は特記による。

第3章　業務の実施

3．1　業務の着手

　　受注者は、設計仕様書に定めがある場合を除き、契約締結後14日以内に設計業務に着手しなければならない。この場合において、着手とは、管理技術者が設計業務の実施のため調査職員との打合せを開始することをいう。

3．2　設計方針の策定等

1．受注者は、業務を実施するに当たり、設計仕様書及び調査職員の指示を基に設計方針の策定（告示別添一第1項第一号イに掲げる基本設計方針の策定及び第二号イに掲げる実施設計方針の策定をいう。）を行い、業務当初及び変更の都度、調査職員の承諾を得なければならない。

2．受注者は、計算書に、計算に使用した理論、公式の引用、文献等並びにその計算過程を明記するものとする。

3．電子計算機によって計算を行う場合は、プログラムと使用機種について、あらかじめ調査職員の承諾を得なければならない。

3．3　適用基準等

1．受注者が、業務を実施するに当たり、適用すべき基準等（以下「適用基準等」という。）は、特記による。

2．受注者は、適用基準等により難い特殊な工法、材料、製品等を採用しようとする場合は、あらかじめ調査職員と協議し、承諾を得なければならない。

3．適用基準等で市販されているものについては、受注者の負担において備えるものとする。

3．4　提出書類

1．受注者は、発注者が指定した様式により、契約締結後に、関係書類を調査職員を経て、速やかに発注者に提出しなければならない。ただし、業務委託料に係る請求書、請求代金代理受領承諾書、遅延利息請求書、調査職員に関する措置請求に係る書類及びその他現場説明の際指定した書類を除くものとする。

2．共通仕様書において書面により行わなければならないこととされている指示、請求、通知、報告、承諾、協議及び提出については、電子メール等の情報通信の技術を利用する方法を用いて行うことができる。

3．受注者が発注者に提出する書類で様式及び部数が定められていない場合は、調査職員の指示によるものとする。

4．業務実績情報を登録することが特記された場合は、登録内容について、あらかじめ調査職員の承諾を受け、登録されることを証明する資料を検査職員に提示し、業務完了検査後速やかに登録の手続きを行うとともに、登録が完了したことを証明する資料を調査職員に提出しなければならない。

3．5　業務計画書

1．受注者は、契約締結後14日以内に業務計画書を作成し、調査職員に提出しなければならない。

2．業務計画書の内容は、特記による。

3．受注者は、業務計画書の内容を変更する場合は、理由を明確にしたうえ、その都度調査職員に変更業務計画書を提出しなければならない。

4．調査職員が指示した事項については、受注者は更に詳細な業務計画に係る資料を提出しなければならない。

3．6　守秘義務

受注者は、契約書の規定に基づき、業務の実施過程で知り得た秘密を第三者に漏らしてはならない。

3．7　再委託

1．受注者は、設計業務における総合的な企画及び判断並びに業務遂行管理部分を、契約書の規定により、再委託してはならない。

2．受注者は、コピー、ワープロ、印刷、製本、計算処理（構造計算、設備計算及び積算を除く）、トレース、資料整理、模型製作、透視図作成等の簡易な業務を第三者に再委託する場合は、発注者の承諾を得なくともよいものとする。

3．受注者は、第1項及び第2項に規定する業務以外の再委託に当たっては、発注者の承諾を得なければならない。

4．受注者は、設計業務を再委託する場合は、委託した業務の内容を記した書面により行うこととする。なお、協力者が発注機関の建設コンサルタント業務等指名競争参加資格者である場合は、指名停止期間中であってはならない。

5．受注者は、協力者及び協力者が再々委託を行うなど複数の段階で再委託が行われるときは当該複数の段階の再委託の相手方の住所、氏名及び当該複数の段階の再委託の相手方がそれぞれ行う業務の範囲を記載した書面を更に詳細な業務計画に係る資料として、調査職員に提出しなければならない。

6．受注者は、協力者に対して、設計業務の実施について適切な指導及び管理を行わなければならない。また、複数の段階で再委託が行われる場合についても必要な措置を講じなければならない。

3．8　特許権等の使用

受注者は、契約書に規定する特許権、実用新案権、意匠権、商標権その他日本国の法令に基づき保護される第三者の権利の対象である履行方法を発注者が指定した場合は、その履行方法の使用について発注者と協議しなければならない。

3．9　調査職員

1．発注者は、契約書の規定に基づき、調査職員を定め、受注者に通知するものとする。

2．調査職員は、契約図書に定められた範囲内において、指示、承諾、協議等の職務を行うものとする。

3．調査職員の権限は、契約書に規定する事項とする。

4．調査職員がその権限を行使するときは、書面により行うものとする。ただし、緊急を要する場合は、口頭による指示等を行うことができるものとする。

5．調査職員は、口頭による指示等を行った場合は、7日以内に書面により受注者にその内容を通知するものとする。

3．10　管理技術者

1．受注者は、契約書の規定に基づき、管理技術者を定め発注者に通知しなければならない。なお、管理技術者は、日本語に堪能でなければならない。

2．管理技術者の資格要件は、特記による。

3．管理技術者は、契約図書等に基づき、業務の技術上の管理を行うものとする。

4．管理技術者の権限は、契約書に規定する事項とする。ただし、受注者が管理技術者に委任する権限（契約書の規定により行使できないとされた権限を除く。）を制限する場合は、発注者に、あらかじめ通知しなければならない。

5．管理技術者は、関連する他の設計業務が発注されている場合は、円滑に業務を遂行するために、相互に協力しつつ、その受注者と必要な協議を行わなければならない。

3．11　貸与品等

1．業務の実施に当たり、貸与又は支給する図面、適用基準及びその他必要な物品等（以下「貸与品等」という。）は、特記による。

2．受注者は、貸与品等の必要がなくなった場合は、速やかに調査職員に返却しなければならない。

3．受注者は、貸与品等を善良な管理者の注意をもって取扱わなければならない。万一、損傷した場合は、受注者の責任と費用負担において修復するものとする。

4．受注者は、設計仕様書に定める守秘義務が求められるものについては、これを他人に閲覧させ、複写させ、又は譲渡してはならない。

3．12　関連する法令、条例等の遵守

受注者は、設計業務の実施に当たっては、関連する法令、条例等を遵守しなれければならない。

3．13　関係官公庁への手続き等

1．受注者は、設計業務の実施に当たっては、発注者が行う関係官公庁等への手続きの際に協力しなければならない。

2．受注者は、設計業務を実施するため、関係官公庁等に対する諸手続きが必要な場合は、速やかに行うものとし、その内容を調査職員に報告しなければならない。

3．受注者が、関係官公庁等から交渉を受けたときは、速やかにその内容を調査職員に報告し、必要な協議を行うものとする。

3．14　打合せ及び記録

1．設計業務を適正かつ円滑に実施するため、管理技術者と調査職員は常に密接な連絡をとり、業務の方針、条件等の疑義を正すものとし、その内容については、その都度受注者が書面（打合せ記録簿）に記録し、相互に確認しなければならない。

2．設計業務着手時及び設計仕様書に定める時期において、管理技術者と調査職員は打合せを行うものとし、その結果について、管理技術者が書面（打合せ記録簿）に記録し、相互に確認しなければならない。

3．15　条件変更等

受注者は、設計仕様書に明示されていない履行条件について予期することのできない特別な状態が生じたと判断し、発注者と協議して当該規定に適合すると認められた場合は、契約書の規定により、速やかに発注者にその旨を通知し、その確認を請求しなければならない。

3．16　一時中止

発注者は、次の各号に該当する場合は、契約書の規定により、設計業務の全部又は一部を一時中止させるものとする。

(1)　関連する他の設計業務の進捗が遅れたため、設計業務の続行を不適当と認めた場合

(2)　天災等の受注者の責に帰すことができない事由により、設計業務の対象箇所の状態や受注者の業務環境が著しく変動したことにより、設計業務の続行が不適当又は不可能となった場合

(3)　受注者が契約図書に違反し、又は調査職員の指示に従わない場合等、調査職員が必要と認めた場合

3．17　履行期間の変更

1．受注者は、契約書の規定に基づき、履行期間の延長変更を請求する場合は、延長理由、延長日数の算定根拠、修正した業務工程表、その他必要な資料を発注者に提出しなければならない。

2．受注者は、契約書の規定に基づき、履行期間を変更した場合は、速やかに修正した業務工程表を提出しなければならない。

3．18　修　補

1．受注者は、調査職員から修補を求められた場合は、速やかに修補をしなければならない。

2．受注者は、検査に合格しなかった場合は、直ちに修補をしなければならない。なお、修補の期限及び修補完了の検査については、検査職員の指示に従うものとする。

3.19 設計業務の成果物

1. 契約図書に規定する成果物には、特定の製品名、製造所名又はこれらが推定されるような記載をしてはならない。ただし、これにより難い場合は、あらかじめ調査職員と協議し、承諾を得なければならない。

2. 国際単位系の適用に際し疑義が生じた場合は、調査職員と協議を行うものとする。

3. 受注者は、設計仕様書に規定がある場合又は調査職員が指示し、これに同意した場合は、履行期間途中においても、成果物の部分引渡しを行わなくてはならない。

3.20 検査

1. 受注者は、設計業務が完了したとき、部分払を請求しようとするとき及び部分引渡しの指定部分に係る業務が完了したときは、検査を受けなければならない。

2. 受注者は、検査を受ける場合は、あらかじめ成果物並びに指示、請求、通知、報告、承諾、協議、提出及び打合せに関する書面その他検査に必要な資料を整備し、調査職員に提出しておかなければならない。

3. 受注者は、契約書の規定に基づく部分払の請求に係る既履行部分の確認の検査を受ける場合は、当該請求に係る既履行部分の算出方法について調査職員の指示を受けるものとし、当該請求部分に係る業務は、次の(1)及び(2)の要件を満たすものとする。

(1) 調査職員の指示を受けた事項がすべて完了していること。

(2) 契約図書により義務付けられた資料の整備がすべて完了していること。

4. 検査職員は、調査職員及び管理技術者の立会のうえ、契約図書に基づき次の各号に掲げる検査を行うものとする。

(1) 設計業務成果物の検査

(2) 設計業務履行状況の検査（指示、請求、通知、報告、承諾、協議、提出及び打合せに関する書面その他検査に必要な資料により検査する）

3.21 引渡し前における成果物の使用

受注者は、契約書の規定により、成果物の全部又は一部の使用を承諾した場合は、使用同意書を発注者に提出するものとする。

参考資料

この参考資料は、「公共建築設計業務委託共通仕様書」に基づく設計業務等の円滑な実施に資するため、（一社）公共建築協会が、設計業務等の委託に関する特記仕様書例や業務計画書作成例、業務委託契約書を収録したものです。

設計業務特記仕様書例

　この「設計業務特記仕様書例」は、主に新築工事の設計業務を委託する場合の特記仕様として作成したものです。

　[○○○] 部分は、特記事項を検討する際の参考となるように作成のポイントを記載しています。

○○設計業務特記仕様書（例）

I　業務概要

1．業務名称　　　（　　　　　　　　　　　　　　　　　　　　　　　　）

2．計画施設概要
本業務の対象となる施設の概要は次のとおりとする。
- (1)　施 設 名 称　　（　　　　　　　　　　　　　　　　　　　　　　　）
- (2)　敷地の場所　　（　　　　　　　　　　　　　　　　　　　　　　　）
- (3)　施 設 用 途　　（　　　　　　　　　　　　　　　　　　　　　　　）

3．適　用
本特記仕様書に記載された特記事項については「⊙」印が付いたものを適用する。「⊙」印の付かない場合は、「※」印を適用する。

「⊙」印と「※」印が付いた場合は共に適用する。

4．設計条件
(1)　敷地の条件
- (a)　敷地の面積　　　　　　　　　　　　　（　　　　　　　　　　　　）m²
- (b)　用途地域及び地区の指定　　　　　　　（　　　　　　　　　　　　）

(2)　施設の条件
【庁舎】
- (a)　延べ面積（建築基準法（昭和25年法律第201号）に基づく計画面積）
　　　　　　　　　　　　　　　　　　　　　（　　　　　　　　　　　　）m²
- (b)　主要構造　　　　　　　　　　　　　　（　　　　　　　　　　　　）
- (c)　耐震安全性の分類
　　① 構造体　　　　　　　　　類
　　② 建築非構造部材　　　　　類
　　③ 建築設備　　　　　　　　類
　　　耐震安全性の分類は、「官庁施設の総合耐震・対津波計画基準」（平成25年3月29日付け国営計第126号、国営整第198号、国営設第135号）による（以下同じ。）。
- (d)　建築物の類型　　　　　　　　　　　　第（　　）号 第（　　）類
　　　建築物の類型は、令和6年国土交通省告示第8号別添二による（以下同じ。）。

【○○】
- (a)　延べ面積（建築基準法に基づく計画面積）　　　（　　　　　　　　）m²

(b) 主要構造 （　　　　　　　　　　　　　　）

(c) 耐震安全性の分類

①　構造体　　　　　　　　類

②　建築非構造部材　　　　類

③　建築設備　　　　　　　類

(d) 建築物の類型 第（　　）号　第（　　）類

(3) **建設の条件**

(a) 予定工事費（　　　　　　　　　　　　　　　　）円（税抜き）

(b) 建設工期　（　　　　　　　　　　　　　　　　　）

(4) **設計条件の資料**

設計条件については、次の資料による。

・企画書

・基本設計書

・指示事項書

・

Ⅱ　業務仕様

本特記仕様書に記載されていない事項は、「公共建築設計業務委託共通仕様書」（平成20年3月31日付け国営整第176号（最終改定　令和6年3月26日付け国営整第213号））による。

1．設計業務の内容及び範囲

(1) **一般業務の範囲**

(a) 基本設計に関する標準業務

・総合

・構造

・電気設備

・機械設備（給排水衛生設備、空調換気設備及び昇降機等)

(b) 実施設計に関する標準業務（工事施工段階で設計者が行うことに合理性がある実施設計に関する標準業務は含まない。)

・総合

・構造

・電気設備

・機械設備（給排水衛生設備、空調換気設備及び昇降機等)

(2) **追加業務の内容及び範囲**

・建築積算　　　　（積算数量算出書（積算数量調書含む。）の作成、単価作成資料の作成、
　　　　　　　　　　見積収集及び見積検討資料の作成）

・電気設備積算（積算数量算出書（積算数量調書含む。）の作成、単価作成資料の作成、
　　　　　　　　　　見積収集及び見積検討資料の作成）

・機械設備積算（積算数量算出書（積算数量調書含む。）の作成、単価作成資料の作成、
　　　　　　　　　　見積収集及び見積検討資料の作成）

・透視図作成

〔種類（　　）　　判の大きさ（　　）　　カット枚数（　　）　　額の有無（　　）

材質（　　）　　電子データ（　　）〕

・模型製作

〔縮尺（　　）　　主要材料（　　）　　ケースの有無（　　）　　材質（　　）〕

・模型の写真撮影

〔カット枚数（　　）　　判の大きさ（　　）　　白黒・カラーの別（　　）

電子データ（　　）〕

・計画通知又は建築確認申請（建築基準関係規定（みなし規定を含む。）等に係る法令・
条例に関する許認可等を含む。）に関する手続及びこれに付随する詳細協議（関係機関
との打合せ、申請図書及び書類の作成、指摘事項への対応等は一般業務に含まれる。手
数料の納付は含まない。）

・各種法令・条例（建築基準関係規定（みなし規定を含む。）等に係る法令・条例を除く。）
に関する事前協議、申請図書及び資料の作成、手続及びこれに付随する詳細協議（手数
料の納付は含まない。）

　　・［該当する法令・条例等を記載する。］

　　・

・［時刻歴応答解析を行い国土交通大臣認定を取得する追加業務で求める場合はその内容
を記載する。］

・市町村指導要綱による中高層建築物の届出書の作成及び申請に関する手続（標識看板の
作成、設置報告書等の届出）（手数料の納付は含まない。）

・防災計画評定又は防災性能評定に関する資料の作成及び申請に関する手続（手数料の納
付は含まない。）

・リサイクル計画書の作成

・概略工事工程表の作成

・営繕事業広報ポスターの作成

・災害応急対策活動に必要な施設その他特別な性能、機能、設備等を有する官庁施設の設
計等における特別な検討及び資料の作成（建築非構造部材の耐震安全性に関する特別な
検討、特殊な設備機器を有する室の設計に係る特別な検討等）

・建築物のエネルギー消費性能の向上等に関する法律（平成27年法律第53号）第34条
第1項に規定する建築物エネルギー消費性能向上計画の認定に係る業務

・建築環境総合性能評価システム（CASBEE）による評価に係る業務
・官庁施設の計画から建設、運用、廃棄に至るまでのライフサイクルを通じた二酸化炭素排出量等を用いて行う総合的な環境保全性能の評価業務
・都市の低炭素化の促進に関する法律（平成24年法律第84号）第53条第1項に規定する低炭素建築物新築等計画の認定に係る業務
・住民説明等に必要な資料の作成（法令等に基づくものを除く。）
・環境保全性に関する検討・資料の作成
  ・LCEMツールによる空調システムの評価［中央熱源機器を採用する場合に記載する。］
  ・再生可能エネルギー（○○○）の利活用に係る検討資料の作成［太陽光発電設備の設置等の具体的な検討項目を記載する。］
  ・○○○によるエネルギー削減効果に係る資料の作成
  ・
  ・
・BIMデータ説明資料の作成（別添○○による）
・木造化手法に係る検討
・実験設備に係る検討
・内部雷保護設備に係る検討
・構内情報通信網設備に係る検討
・音声誘導設備に係る検討
・排水処理設備に係る検討
・雨水・排水再利用設備に係る検討
・蓄熱システムに係る検討
・雪冷房設備に係る検討

２．業務の実施

⑴　一般事項

⒜　基本設計業務は、提示された設計条件及び適用基準に基づき行う。

⒝　実施設計業務は、提示された設計条件、基本設計図書及び適用基準に基づき行う。

⒞　積算業務は、調査職員の承諾を受けた実施設計図書及び適用基準に基づき行う。

⒟　調査職員の指示により、「企画書対応確認書」を用いて、作成した成果物が企画書の内容に対応していることを確認のうえ、成果物を調査職員に提出する。

⒠　設計に当たっては、工事現場の生産性向上（省人化及び工事日数短縮）に配慮する。

⒡　「建設工事公衆災害防止対策要綱」（令和元年国土交通省告示第496号）に基づき、現場の施工条件を十分に調査したうえで、施工時における公衆災害の発生防止に努めるとともに、施工時に留意すべき事項がある場合には、成果物に明示する。

⒢　「働き方改革に配慮した公共建築設計業務委託のためのガイドライン」（令和2年10月全国営繕主管課長会議）を踏まえ、手戻り防止のための設計業務のプロセス管理に努める。

(h) 本業務は、BIM活用に係るEIR（発注者情報要件をいう。）を適用する業務である。詳細は別添○○による。[適用しない場合は削除する。]

(2) **適用基準等**

本業務に国土交通省が制定する以下に掲げる技術基準等を適用する。受注者は業務の対象である施設の設計内容及び業務の実施内容が技術基準等に適合するよう業務を実施しなければならない。

なお、貸与品及び市販されているもの以外は国土交通省ホームページに掲載している。

URL：https://www.mlit.go.jp/gobuild/gobuild_tk2_000017.html

(a) 共　　通	（　年　版　等　）
・官庁施設の基本的性能基準	（　令和6年改定　）
・官庁施設の企画書及び企画書対応確認書の標準的書式	（　令和3年改定　）
・官庁施設の設計段階におけるコスト管理ガイドライン	（　平成27年改定　）
・官庁施設の総合耐震・対津波計画基準	（　平成25年制定　）
・官庁施設の総合耐震診断・改修基準	（　平成8年制定　）
・木造計画・設計基準	（　令和6年改定　）
・木造計画・設計基準の資料	（　令和6年改定　）
・官庁施設の環境保全性基準	（　令和4年改定　）
・官庁施設の防犯に関する基準	（　平成21年制定　）
・官庁施設のユニバーサルデザインに関する基準	（　平成18年制定　）
・建築設計業務等電子納品要領	（　令和3年改定　）
・官庁営繕事業に係る電子納品運用ガイドライン【営繕業務編】	（　令和4年改定　）
・公共建築工事積算基準	（　平成28年改定　）
・公共建築工事共通費積算基準	（　令和6年改定　）
・公共建築工事標準単価積算基準	（　令和6年改定　）
・公共建築工事積算基準等資料	（　令和6年改定　）
・営繕工事積算チェックマニュアル	（　令和6年改定　）
・建築物解体工事共通仕様書	（　令和4年版　）
・建築物等の利用に関する説明書作成の手引	（　平成28年改定　）
・官庁営繕事業におけるBIM活用ガイドライン	（　令和6年改定　）
・官庁営繕事業におけるBIM活用実施要領	（　令和6年改定　）
・BIM適用事業における成果品作成の手引き（案）	（　令和4年改定　）
・	（　　　　　）・貸与

(b)　建　　築　　　　　　　　　　　　　　　　　（　年　版　等　）
・建築工事設計図書作成基準　　　　　　　　　　（　令和 2 年改定　）
・建築工事設計図書作成基準の資料　　　　　　　（　令和 2 年改定　）
・敷地調査共通仕様書　　　　　　　　　　　　　（　令和 4 年改定　）
・公共建築工事標準仕様書（建築工事編）　　　　（　令和 4 年版　）
・公共建築改修工事標準仕様書（建築工事編）　　（　令和 4 年版　）
・公共建築木造工事標準仕様書　　　　　　　　　（　令和 4 年版　）
・建築設計基準　　　　　　　　　　　　　　　　（　令和 6 年改定　）
・建築設計基準の資料　　　　　　　　　　　　　（　令和 6 年改定　）
・建築構造設計基準　　　　　　　　　　　　　　（　令和 3 年改定　）
・建築構造設計基準の資料　　　　　　　　　　　（　令和 3 年改定　）
・建築工事標準詳細図　　　　　　　　　　　　　（　令和 4 年改定　）
・構内舗装・排水設計基準　　　　　　　　　　　（　平成27年改定　）
・構内舗装・排水設計基準の資料　　　　　　　　（　平成27年改定　）
・　　　　　　　　　　　　　　　　　　　　　　（　　　　　　　）・貸与

(c)　建築積算　　　　　　　　　　　　　　　　　（　年　版　等　）
・公共建築数量積算基準　　　　　　　　　　　　（　令和 5 年改定　）
・公共建築工事内訳書標準書式（建築工事編）　　（　令和 5 年改定　）
・公共建築工事見積標準書式（建築工事編）　　　（　令和 5 年改定　）
・　　　　　　　　　　　　　　　　　　　　　　（　　　　　　　）・貸与

(d)　設　　備　　　　　　　　　　　　　　　　　（　年　版　等　）
・建築設備計画基準　　　　　　　　　　　　　　（　令和 6 年版　）
・建築設備設計基準　　　　　　　　　　　　　　（　令和 6 年版　）
・建築設備工事設計図書作成基準　　　　　　　　（　令和 6 年改定　）
・公共建築工事標準仕様書（電気設備工事編）　　（　令和 4 年版　）
・公共建築設備工事標準図（電気設備工事編）　　（　令和 4 年版　）
・公共建築改修工事標準仕様書（電気設備工事編）（　令和 4 年版　）
・公共建築工事標準仕様書（機械設備工事編）　　（　令和 4 年版　）
・公共建築設備工事標準図（機械設備工事編）　　（　令和 4 年版　）
・公共建築改修工事標準仕様書（機械設備工事編）（　令和 4 年版　）
・雨水利用・排水再利用設備計画基準　　　　　　（　平成28年版　）
・建築設備設計計算書作成の手引（(一社)公共建築協会）

　　　　　　　　　　　　　　　　　　　　　　　（　令和 6 年版　）(市販)
・空気調和システムのライフサイクルエネルギーマネジメントガイドライン

　　　　　　　　　　　　　　　　　　　　　　　（　平成22年制定　）
・　　　　　　　　　　　　　　　　　　　　　　（　　　　　　　）・貸与

(e) 設備積算 （　年　版　等　）
・公共建築設備数量積算基準 （　令和 5 年改定　）
・公共建築工事内訳書標準書式（設備工事編） （　令和 5 年改定　）
・公共建築工事見積標準書式（設備工事編） （　令和 5 年改定　）
・ （　　　　　　　　）・貸与

(3) 業務実績情報の登録の要否

・要

　受注者は、公共建築設計者情報システム（PUBDIS）に「業務カルテ」を登録する。

　なお、登録に先立ち、登録内容について、調査職員の確認を受ける。また、業務完了検査時には、登録されることの証明として、調査職員の確認を受けた資料を検査職員に提出し確認を受け、その後、速やかに登録を行う。登録完了後、業務カルテ受領書の写しを調査職員に提出する。

・不要

(4) 業務計画書

　業務計画書には、契約図書に基づき、次の事項を記載する。[参考資料 2 設計業務計画書作成例参照]

(a) 業務一般事項

(b) 業務工程計画（業務実施工程表）

(c) 業務体制（業務体制表）

(d) 業務方針

(5) 調査職員の権限内容

(a) 総括調査員は、総括調査業務を担当し、主に、受注者に対する指示、承諾、協議、関連業務との調整等で重要なものの処理を行う。また、業務の内容の変更、一時中止又は契約の解除の必要があると認める場合における契約担当官等（会計法（昭和 22 年法律第 35 号）第 29 条の 3 第 1 項）に規定する契約担当官等をいう。）に対する報告等を行うとともに、主任調査員及び調査員の指揮監督並びに調査業務のとりまとめを行う。

(b) 主任調査員は、主任調査業務を担当し、主に、受注者に対する指示、承諾、協議等（重要なもの及び軽易なものを除く。）の処理、業務の進捗状況の確認、設計仕様書の記載内容と履行内容との照合その他契約の履行状況の調査で重要なものの処理、関連業務との調整（重要なものを除く。）の処理を行う。また、業務の内容の変更、一時中止又は契約の解除の必要があると認める場合における総括調査員への報告を行うとともに、調査員の指揮監督並びに主任調査業務及び一般調査業務のとりまとめを行う。

(c) 調査員は、一般調査業務を担当し、主に、受注者に対する指示、承諾、協議等で軽易なものの処理、業務の進捗状況の確認、設計仕様書の記載内容と履行内容との照合その他契約の履行状況の調査（重要なものを除く。）を行う。また、業務の内容の変更、一時

中止又は契約の解除の必要があると認める場合における主任調査員への報告を行うとともに、一般調査業務のとりまとめを行う。

(d) 総括調査員が置かれていない場合の主任調査員は総括調査業務を、総括調査員及び主任調査員が置かれていない場合の調査員は総括調査業務及び主任調査業務を、調査員が置かれていない場合の主任調査員は一般調査業務をそれぞれあわせて担当する。

(6) 管理技術者及び主任担当技術者の資格要件

・設計業務説明書による。[公募型又は簡易公募型プロポーザル方式の場合に適用する。]
・技術提案書提出要請書による。[標準プロポーザル方式の場合に適用する。]
・入札説明書による。[総合評価落札方式の場合に適用する。]

(7) 貸与品等

貸　与　品　等	適　用
・適用基準等のうち、貸与するもの ・敷地調査資料（柱状図、敷地測量図） ・既存建築物設計図書一式 ・既存工作物設計図書一式 ・	

貸与場所（　　　　　　　　　　　　　　　）　　貸与時期（　　　　　　　）
返却場所（　　　　　　　　　　　　　　　）　　返却時期（　　　　　　　）

(8) 打合せ及び記録

(a) 打合せは次の時期に行い、速やかに記録を作成し、調査職員に提出する。

① 業務着手時

② 調査職員又は管理技術者が必要と認めた時

③ その他（　　　　　　　　　　　　　　　　）

(b) 打合せや情報共有に当たっては、受発注者間で協議のうえ、双方の生産性向上に資する方法を検討すること。具体的には電話、WEB会議、電子メール、情報共有システム（情報通信技術を活用し、受発注者間など異なる組織間で情報を交換・共有することによって業務効率化を実現するシステムをいう。以下同じ。）等の活用を検討すること。

(9) 書面手続

設計仕様書（質問回答書、現場説明書、別冊の図面、特記仕様書及び共通仕様書をいう。以下同じ。）において書面で行わなければならないとされている受発注者間の手続（以下「書面手続」という。）の方法は、原則として(a)による。ただし、受注者の通信環境の事情等によりオンライン化が困難な場合(b)による。

(a) オンラインによる場合

書面手続は、押印を省略し、電子メール等を利用する場合は①、情報共有システムを利用する場合は②による。

① 電子メール等を利用する場合

　1）　業務着手後の面談等において、受発注者間で電子メールの送受信を行う者を特定し、氏名、電子メールアドレス及び連絡先を共有すること。

　2）　電子メールの送信は、原則として、1)で共有した者のうち複数の者に対して行うこと。

　3）　受信した電子メールについては、送信者の電子メールアドレスが1)で共有したものと同じであるか確認すること。

　4）　ファイルの容量が大きく、電子メールでの送受信が困難な場合は、1)で共有した者の間で、調査職員が指定する大容量ファイル転送システムを用いることができる。

② 情報共有システムを利用する場合

　1）　本業務は、受注者が希望する場合、調査職員と協議のうえ、情報共有システムの活用を行うことができる。

　2）　受注者は、本業務で利用する情報共有システムを選定し、調査職員と協議し承諾を得なければならない。

　3）　業務着手後の面談等において、受発注者双方の情報共有システム利用者を特定し、氏名及び連絡先を共有すること。

　4）　受発注者は、情報共有システムを利用するためのID及びパスワードの管理を徹底すること。

　5）　本業務で利用する情報共有システムは、「工事施工中における受発注者間の情報共有システム機能要件 2019 年版営繕工事編」の要件を満たすこと。

　6）　利用期間、データ保存容量及びシステム想定利用人数（ライセンス ID 数）については、調査職員と協議し、承諾を得ること。

(b)　オンライン化が困難な場合

　　書面手続は押印の省略を可とし、押印を省略する場合、書面に、責任者及び担当者の氏名及び連絡先を記載する。ただし、業務着手後の面談等における受発注者相互の本人確認以降、受発注者間の面談等において提出される書面については、押印の省略に当たって責任者及び担当者の氏名及び連絡先を記載しなくてもよい。

(c)　その他

① (a)で用いる電子データが、最終版であることを明示するなどの版管理の運用方法を受発注者間で協議し、定めること。

② 検査は、書面手続に電子メールを利用した場合は受注者が保管した電子データで、情報共有システムを利用した場合は同システムに保存した電子データで行う。

③ 電子成果品として納品する場合の電子データの仕様等については、「営繕業務電子納品要領」によることを原則とする。

⑽　**情報管理体制の確保**

(a)　受注者は、本業務に関して発注者から貸与された情報その他知り得た情報であって、発注者が保護を要さないことを同意していない一切の非公表情報（以下「要保護情報」

という。）を取り扱う場合は、当該情報を適切に管理するため、別紙様式を参考に、情報取扱者名簿及び情報管理体制図を作成・提出し、発注者の同意を得なければならない。また、記載内容に変更が生じる場合も、同様に作成・提出のうえ、あらかじめ発注者の同意を得なければならない。

(b) 受注者は、要保護情報について、情報取扱者以外の者に使用、閲覧又は漏えいさせてはならない。

(c) 受注者は、要保護情報の漏えい等の事故やおそれが判明した場合については、履行中・履行後を問わず、事実関係等について直ちに発注者へ報告すること。

なお、報告がない場合でも、情報の漏えい等の懸念がある場合は、発注者が行う報告徴収や調査に応じること。

(11) 図面等の作成上の留意点

図面等の作成に当たっては、機密性の確保が求められる情報がわかる表記のあるものが必要最小限となるよう（例えば、機密性の確保が求められる室の用途が特定される室名等を表記しない。）、図面等の作成開始当初から留意すること。また、機密性の確保が求められる情報がわかる表記のある図面等については、調査職員の指示により、機密性の確保に支障をきたす詳細等の情報を表記しない図面等も併せて作成すること。

(12) 成果物等の情報の適正な管理

(a) 次に掲げる措置その他必要となる措置を講じ、契約書の秘密の保持等の規定を遵守のうえ、成果物等の情報を適正に管理すること。

なお、発注者は措置の実施状況について報告を求めることができる。また、不十分であると認められる場合には、是正を求めることができる。

成果物等とは、

1) 業務の成果物（未完成の成果物を含む。）

2) その他業務の実施のため、作成され、又は交付、貸与等されたもの

等とする。

① 発注者の承諾無く、成果物等の情報を業務の履行に関係しない第三者に閲覧させる、提供するなど（ホームページへの掲載、書籍への寄稿等を含む。）しない。

② 業務の履行のための協力者等への成果物等の情報の交付等は、必要最小限の範囲について行う。

③ 成果物等の情報の送信又は運搬は、業務の履行のために必要な場合のほかは、発注者が必要と認めた場合に限る。また、必要となる情報漏洩防止を図るため、電子データによる送信又は運搬に当たってのパスワードによる保護、情報の暗号化等必要となる措置を講ずる。

④ サイバー攻撃に対して、必要となる情報漏洩防止の措置を講ずる。

⑤ 貸与品等の情報については、業務の履行に必要な範囲に限り使用するものとし、Ⅱ

2. (7)により調査職員に返却する。また、複製等については、適切な方法により消去又は廃棄する。

　⑥　契約の履行に関して知り得た秘密については、契約書に規定されるとおり秘密の保持が求められるものとなるので特に取扱いに注意する。

(b)　成果物等の情報の紛失、盗難等が生じた場合又は生じたおそれが認められた場合は、速やかに発注者に報告し、状況を把握するとともに、必要となる措置を講ずること。

(c)　上記(a)及び(b)の規定は、契約終了後も対象とする。

(d)　上記(a)、(b)及び(c)の規定は、協力者等に対しても対象とする。

⒀　その他、業務の履行に係る条件等

(a)　指定部分の範囲　　　（　　　　　　　　　　　　　　　　　　　　　　　）

　・指定部分の履行期限　（　　　　　　　　　　　　　　　　　　　　　　　）

(b)　成果物の提出場所　　（　　　　　　　　　　　　　　　　　　　　　　　）

(c)　成果物の取扱いについて

　　提出されたCADデータ、BIMデータ（BIMデータ説明資料を含む。）については、当該施設に係る工事の受注者に貸与し、当該工事における施工図の作成、当該施設の完成図の作成及び完成後の維持管理に使用することがある。

(d)　写真の著作権の権利等について

　　受注者は写真の撮影を再委託する場合は、次の事項を条件とすること。

　①　写真は、発注者が行う事務並びに発注者が認めた公的機関の広報に無償で使用することができる。この場合において、著作者名を表示しないことができる。

　②　次に掲げる行為をしてはならない（ただし、あらかじめ発注者の承諾を受けた場合は、この限りではない。）。

　　1)　写真を公表すること。

　　2)　写真を他人に閲覧させ、複写させ、又は譲渡すること。

(e)　暴力団員等による不当介入を受けた場合の措置について

　①　本業務において、暴力団員等による不当介入を受けた場合は、断固としてこれを拒否すること。また、不当介入を受けた時点で速やかに警察に通報を行うとともに、捜査上必要な協力を行うこと。再委託先等が不当介入を受けたことを認知した場合も同様とする。

　②　①により警察に通報又は捜査上必要な協力を行った場合には、速やかにその内容を記載した書面により発注者に報告すること。

　③　①及び②の行為を怠ったことが確認された場合は、指名停止等の措置を講じることがある。

　④　本業務において、暴力団員等による不当介入を受けたことにより工程に遅れが生じる等の被害が生じた場合は、発注者と協議を行うこと。

(f)　業務コスト調査について

　　予算決算及び会計令（昭和22年勅令第165号）第85条の基準に基づく価格を下回

る価格で契約した場合においては、受注者は次の事項に協力しなければならない。

① 受注者は、業務コスト調査に係る調査票等の作成を行い、業務完了日の翌日から起算して 90 日以内に発注者に提出する。

なお、調査票等については別途調査職員から指示する。

② 受注者は、提出された調査票等の内容を確認するために調査職員がヒアリング調査を実施する場合、当該調査に応じること。

(g) プロポーザル方式、総合評価落札方式により業務を受注した場合の業務履行

① 受注者は、技術提案書により提案された履行体制により当該業務を履行する。

なお、技術提案書に記載した配置予定の技術者は、原則として変更できない。ただし、病休、死亡、退職等のやむを得ない理由により変更を行う場合には、同等以上の技術者であるとの発注者の了解を得なければならない。

② 受注者は、技術提案書に記述した提案について、原則として業務計画書に記載しなければならない。

３．成果物、提出部数等

(1) 基本設計

成果物等	電子データ	紙	特記事項
(a) 総合 ・総合基本設計図書 　計画説明書 　仕様概要書 　仕上概要表 　面積表及び求積図 　敷地案内図 　配置図 　平面図（各階） 　断面図 　立面図（各面）	・	・（　）部	
・工事費概算書	・	・（　）部	
・仮設計画概要書	・	・（　）部	
・（　　　　　　　　　　　　）			
(b) 構造 ・構造基本設計図書 　構造計画説明書 　構造設計概要書	・	・（　）部	
・工事費概算書	・	・（　）部	
・（　　　　　　　　　　　　）			

成果物等	電子データ	紙	特記事項
(c) 電気設備 ・電気設備基本設計図書 　電気設備計画説明書 　電気設備設計概要書 ・工事費概算書 ・（　　　　　　　　　　）	・ ・	・（　）部 ・（　）部	
(d) 機械設備 ・機械設備基本設計図書 　機械設備計画説明書 　機械設備設計概要書 ・工事費概算書 ・（　　　　　　　　　　）	・ ・	・（　）部 ・（　）部	
(e) その他 ・透視図 ・模型 ・リサイクル計画書 ・（　　　　　　　　　　）	・ ・	 ・（　）部	
(f) 資料 ・各種技術資料 ・各記録書 ・建築環境総合性能評価システム 　（CASBEE）目標値報告書 ・LCEM ツールによる空調システムの 　評価報告書 ・（　　　　　　　　　　）	・ ・ ・ ・	・（　）部 ・（　）部 ・（　）部 ・（　）部	

(注)：構造、電気設備及び機械設備の成果物は、総合基本設計の成果物の中に含めることが
　　　できる。
　　：総合設計図は、適宜、追加してもよい。
　　：紙による成果物は、特記なき限り、A4 ファイル綴じとする。
　　：新築及び増築に係る工事費概算書の作成は、「官庁施設の設計段階におけるコスト管
　　　理ガイドライン」による。

(2) 実施設計

成果物等	電子データ	紙	特記事項
(a) 総合			
・総合設計図	・	・（　）部	・電子納品による提出
建築物概要書			
仕様書			
仕上表			
面積表及び求積図			
敷地案内図			
配置図			
平面図（各階）			
断面図			
立面図（各面）			
矩計図			
展開図			
天井伏図（各階）			
平面詳細図			
部分詳細図（断面含む）			
建具表			
外構図			
総合仮設計画図			
・非構造部材計算書	・	・（　）部	
・工事費概算書	・	・（　）部	
・計画通知図書	・	・（　）部	
・中高層建築物の届出書	・	・（　）部	
・（　　　　　　　　　　　）			
(b) 構造			
・構造設計図	・	・（　）部	・電子納品による提出
仕様書			
構造基準図			
伏図（各階）			
軸組図			
部材断面表			
各部断面図			
標準詳細図			
各部詳細図			
・構造計算書	・	・（　）部	
・工事費概算書	・	・（　）部	
・計画通知図書	・	・（　）部	
・（　　　　　　　　　　　）			

成果物等	電子データ	紙	特記事項
(c) 電気設備			
・電気設備設計図	・	・( )部	・電子納品による提出
仕様書			
敷地案内図			
配置図			
電灯設備図			
動力設備図			
電気自動車用充電設備図			
電熱設備図			
雷保護設備図			
受変電設備図			
電力貯蔵設備図			
発電設備図			
構内情報通信網設備図			
構内交換設備図			
情報表示設備図			
映像・音響設備図			
拡声設備図			
誘導支援設備図			
テレビ共同受信設備図			
テレビ電波障害防除設備図			
監視カメラ設備図			
駐車場管制設備図			
防犯・入退室管理設備図			
火災報知設備図			
中央監視制御設備図			
構内配電線路図			
構内通信線路図			
・電気設備設計計算書	・	・( )部	
・工事費概算書	・	・( )部	
・計画通知図書	・	・( )部	
・中高層建築物の届出書	・	・( )部	
・(　　　　　　　　　　　)			

成果物等	電子データ	紙	特記事項
(d) 機械設備			
・機械設備設計図	・	・（　）部	・電子納品による提出
仕様書			
敷地案内図			
配置図			
空気調和設備図			
換気設備図			
排煙設備図			
自動制御設備図			
衛生器具設備図			
給水設備図			
排水設備図			
給湯設備図			
消火設備図			
厨房設備図			
ガス設備図			
浄化槽設備図			
排水再利用設備図			
雨水利用設備図			
ごみ処理設備図			
エレベーター設備図			
小荷物専用昇降機設備図			
エスカレーター設備図			
機械式駐車設備図			
・機械設備設計計算書	・	・（　）部	
・工事費概算書	・	・（　）部	
・計画通知図書	・	・（　）部	
・中高層建築物の届出書	・	・（　）部	
・（　　　　　　　　　　　　　）			
(e) 建築積算			
・建築工事積算数量算出書	・	・（　）部	
・建築工事積算数量算出書のうち建築工事積算数量調書	・	・（　）部	・電子納品による提出
・見積書等関係資料	・	・（　）部	
・営繕工事積算チェックマニュアル（建築工事編）	・	・（　）部	
・単価資料	・	・（　）部	

成果物等	電子データ	紙	特記事項
(f) 電気設備積算			
・電気設備工事積算数量算出書	・	・( )部	
・電気設備工事積算数量算出書のうち 電気設備工事積算数量調書	・	・( )部	・電子納品による提出
・見積書等関係資料	・	・( )部	
・営繕工事積算チェックマニュアル （電気設備工事編）	・	・( )部	
・単価資料	・	・( )部	
(g) 機械設備積算			
・機械設備工事積算数量算出書	・	・( )部	
・機械設備工事積算数量算出書のうち 機械設備工事積算数量調書	・	・( )部	・電子納品による提出
・見積書等関係資料	・	・( )部	
・営繕工事積算チェックマニュアル （機械設備工事編）	・	・( )部	
・単価資料	・	・( )部	
(h) その他			
・透視図	・	・( )部	・電子納品による提出
・模型			
・模型の写真	・	・( )部	・電子納品による提出
・防災計画書	・	・( )部	
・建築物エネルギー消費性能確保計画	・	・( )部	
・省エネルギー関係計算書			
・リサイクル計画書	・	・( )部	
・概略工事工程表	・	・( )部	
・営繕事業広報ポスター	・	・( )部	・電子納品による提出
・施設使用条件書	・	・( )部	
・建築環境総合性能評価システム （CASBEE）による評価書	・ ・	・( )部 ・( )部	
・LCEM ツールによる空調システムの 評価報告書	・	・( )部	
・（　　　　　　　　　　　　）			
(i) 資料			
・各種技術資料	・	・( )部	
・構造計算データ	・	・( )部	
・各記録書	・	・( )部	
・（　　　　　　　　　　　　）			

（注）：構造の成果物は、総合実施設計の成果物の中に含めることができる。

：積算数量調書、単価資料等の作成は、営繕積算システム RIBC2（（一財）建築コスト管理システム研究所）「内訳書作成システム」による。

：設計図は、適宜、追加してもよい。

：紙による成果物は、特記なき限り、A4 ファイル綴じとする。

：「電子納品による提出」が特記された成果物等は電子納品の対象とし、電子納品に当たっては、「建築設計業務等電子納品要領」及び「官庁営繕事業に係る電子納品運用ガイドライン【営繕業務編】」による。
なお、「電子納品による提出」が特記されていない成果物等を電子納品の対象とする場合は、調査職員と受注者で協議（ガイドライン「4. 業務着手時の協議」による。）を行う。

：電子成果品のファイル形式は、「建築設計業務等電子納品要領」「5　ファイル形式」によるほか、オリジナルファイルも提出する。
なお、オリジナルファイルのファイル形式については調査職員と協議する。

：BIM モデルを成果品として提出する場合は、「BIM 適用事業における成果品作成の手引き（案）」による。

：電子納品による電子媒体（CD-R等）の提出部数は（　）部とする。

：新築及び増築に係る工事費概算書の作成は、「官庁施設の設計段階におけるコスト管理ガイドライン」による。

：概略工事工程表の作成に当たっては、「工期に関する基準」（令和2年7月20日中央建設業審議会決定）、「公共建築工事における工期設定の基本的考え方」（平成30年2月）を参照し、適正な工期を設定する。

：別添○○に基づき BIM で作成した実施設計図書（一般図等）は、別添○○に示すファイル形式（BIM データ）により提出するほか、本表に示す図面ファイル（CAD データ）により提出する。

設計業務計画書作成例

この「設計業務計画書作成例」に示した [○○○] 部分は、作成の参考となるポイントを記載しています。

令和　年　月　日

総括調査員
　〇〇　〇〇　殿

　　　　　　　　　　住　　所

　　　　　　　　　　会　社　名

　　　　　　　　　　代表者名

業務計画書の提出について

（　業　務　名　）業務について、下記のとおり業務計画書を提出します。

　　　　　　　　　　記

１．業務一般事項
２．業務実施工程表
３．業務体制表
４．業務方針
［様式は任意］

業務計画書（例）

1．業務一般事項

(1) 業務名称：

(2) 履行期間：自 令和 年 月 日 ～ 至 令和 年 月 日

　（指定部分～令和 年 月 日）

(3) 業務内容

　　[業務概要を記載する。また、特記仕様書 Ⅰ 4.(4)設計条件の資料を確認し特筆すべき内容がある場合も記載する。]

(4) 打合せ及び情報共有について

　　[特記仕様書 Ⅱ 2.(8)打合せ及び記録について検討し、協議結果について記載する。]

2．業務実施工程表　別紙

　　[業務工程計画を検討し、業務実施工程表として取りまとめる。なお、建築設計業務委託契約書第3条業務工程表とは別に作成する。]

　　[設計仕様書に基づき、令和6年国土交通省告示第8号別添一第1項を参考に、基本設計及び実施設計に関する一般業務、追加業務について着手、完了時が分かるように記載する。また、履行期限（指定部分を含む）を記載する。]

3．業務体制表　別紙

　　[受注者名及び業務履行体制を管理技術者、総合、構造、電気設備、機械設備の各分担業務分野の主任担当技術者、担当技術者の氏名を記載する。なお、協力事務所がある場合は、分担業務分野を明確にし、主任担当技術者、担当技術者の氏名を記載する。]

　　[業務体制に記載を求める各技術者の経歴等は、別紙の様式例によらずプロポーザル方式又は総合評価落札方式による技術提案書やPUBDISの業務カルテを使用することができる。また、業務入札資格要件で求めていない者の保有資格及び業務実績は記載する必要ない。]

4．業務方針

　　[本業務を実施するに当たり受注者の業務実施方針を明確化し記載する。公共建築設計業務委託共通仕様書 第3章 3.2に定める設計方針を記載する。また、技術提案書に記述した提案で、発注者からその履行等について指示された内容の設計方針を記載する。]

5．業務の履行

　　[業務の履行に当たり特筆する事項について記載する。]

6．成果品

7．成果品の提出場所

業務実施工程表（例）

業務実施工程表

業務区分＼月	令和○年 ○月	○月	○月	○月	○月	○月	○月	令和○年 ○月	○月	○月	○月	○月	○月
1. 基本設計													
2. 実施設計													
3. 積算業務													
4. 申請業務													
5. 履行検査													

▲ 指定部分検査　　業務完了検査 ▲

業務区分：基本設計

業務項目＼月	令和○年 ○月	○月	○月	○月	○月	○月	備　考
1. 設計条件等の整理							
2. 法令調査及び関係機関打合せ							
3. インフラ調査及び関係機関打合せ							
4. 基本設計方針の策定							
5. 基本設計図書の作成							
6. 概算工事費の検討							
7. 基本設計内容の発注者への説明							
8. 履行検査等							

指定部分検査 ▲　　業務完了検査 ▲　　指定部分：○月○日

業務区分：実施設計、積算業務、申請業務

業務項目	令和〇年	令和〇年	備考
月	○月 ○月 ○月	○月 ○月 ○月 ○月 ○月 ○月 ○月 ○月	
1. 要求等の確認	▬		
2. 法令調査及び関係機関打合せ	▬		
3. 実施設計方針の策定	▬▬		
4. 実施設計図書の作成	▬▬▬▬▬▬		
5. 概算工事費の検討		▬	
6. 実施設計内容の発注者への説明		▬ ▬	
7. 積算業務		▬▬	協力事務所：〇〇〇〇〇
8. 申請業務		▬▬	
9. 履行検査等		業務完了検査 ▲	

業務体制表 (例)

委託業務名称 _____

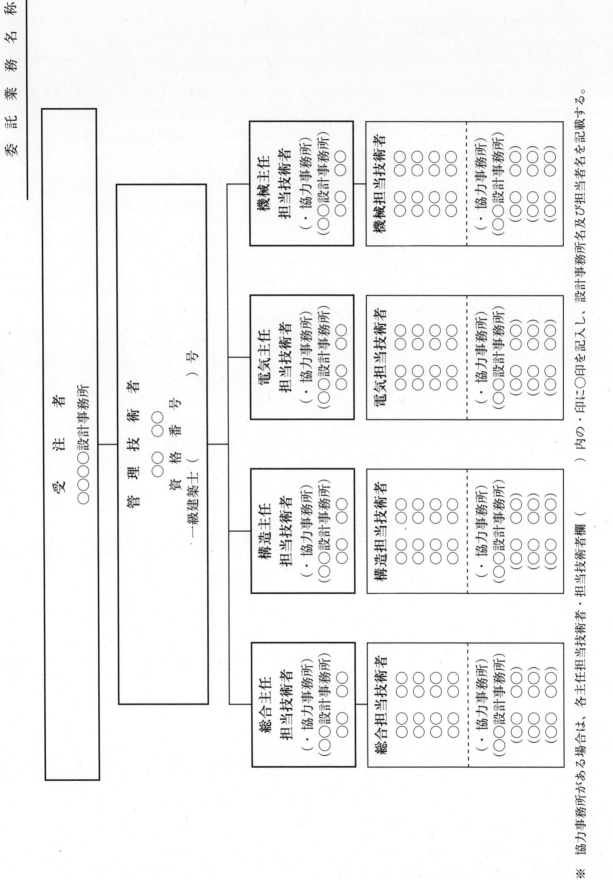

受注者
○○○○設計事務所

管理技術者
○○ ○○
資格番号 ( ) 号
一級建築士

総合主任担当技術者
(・・協力事務所)
(○○設計事務所)
○○ ○○

総合担当技術者
○○○ ○○○ ○○○
○○○ ○○○
○○○
(・・協力事務所)
(○○設計事務所)
(○○) (○○)
(○○) (○○)
(○○) (○○)

構造主任担当技術者
(・・協力事務所)
(○○設計事務所)
○○ ○○

構造担当技術者
○○○ ○○○ ○○○
○○○ ○○○
(・・協力事務所)
(○○設計事務所)
(○○) (○○)
(○○) (○○)
(○○) (○○)

電気主任担当技術者
(・・協力事務所)
(○○設計事務所)
○○ ○○

電気担当技術者
○○○ ○○○ ○○○
○○○ ○○○
(・・協力事務所)
(○○設計事務所)
(○○) (○○)
(○○) (○○)
(○○) (○○)

機械主任担当技術者
(・・協力事務所)
(○○設計事務所)
○○ ○○

機械担当技術者
○○○ ○○○ ○○○
○○○ ○○○
(・・協力事務所)
(○○設計事務所)
(○○) (○○)
(○○) (○○)
(○○) (○○)

※ 協力事務所がある場合は、各主任担当技術者・担当技術者欄( )内の・印に○印を記入し、設計事務所名及び担当者名を記載する。

管理技術者の経歴等

①氏名　　○○　○○	②生年月日　　○年○月○日　　（○才）

③所属・役職　　○○○○

④保有資格等

　当該資格を保有していることを証明する書類（資格者証の写し等）及び建築士定期講習の最終受講年月日を証明する書類（定期講習修了証の写し等）等を添付すること。

　・一級建築士　　　　　　　（登録番号：○○　　　　）（取得年月日：○年○月○日）
　　（建築士定期講習の最終受講年月日又は建築士試験合格年月日：○年○月○日）
　・（　　　　　　　　　　　）（登録番号：　　　　　　）（取得年月日：　　年　月　　日）

⑤平成○年○月○日以降に契約履行が完了した同種又は類似業務の実績

業務名 （PUBDIS登録の有無）	発注者 （事業主）	受注形態		業務概要、分担業務分野及び立場	履行期間
○○○○○○建築設計業務 （・有　・無 　コード 0000000000)	（　　　）	・単独　・共同体 ・協力事務所 （　　　　　　）	・同種 ・類似	事務庁舎、RC-3,○○m² （○○○○○○として従事） 携わった立場等について、以下のいずれかを選択 ・管理技術者として従事 ・主任担当技術者（○○分野） 　として従事 ・担当技術者（○○分野）と 　して従事	平成○年 ○月～ 平成○年 ○月

⑥平成○年○月○日以降に契約履行が完了した○○○○発注の設計業務実績

業務名	受注形態	分担業務分野及び立場	履行期間
○○○○○○○○○○○○ 設計業務	・単独　・共同体　・協力事務所 （　　　　　　　　　）	建築分野主任担当技術者	平成○年○月～ 平成○年○月
	・単独　・共同体　・協力事務所 （　　　　　　　　　）		
	・単独　・共同体　・協力事務所 （　　　　　　　　　）		

⑦手持業務の状況（令和　年　月　日現在の手持の設計業務）　[必要に応じて記載する。]

　ただし、特定後未契約のものは、履行期限の欄に契約予定を記入する　　　　合計（　　　）件

業務名	発注者 （事業主）	受注形態	業務概要、 分担業務分野及び立場	履行期限
○○○○○○○○○○○○ 設計業務	（　　　）	・単独　・共同体 ・協力事務所 （　　　　　）	事務庁舎、RC-3,○○m² （○○○○○○として従事）	平成○年○月
	（　　　）	・単独　・共同体 ・協力事務所 （　　　　　）	（　　　　　として従事）	
	（　　　）	・単独　・共同体 ・協力事務所 （　　　　　）	（　　　　　として従事）	

各主任担当技術者の経歴等

	担当分野：
①氏名　　○○　○○	②生年月日　　○年○月○日　　（○才）

③所属・役職　　○○○○

④保有資格等　[必要に応じて記載する。]
　当該資格を保有していることを証明する書類（資格者証の写し等）及び建築士定期講習の最終受講年月日を証明する書類（定期講習修了証の写し等）等を添付すること。
　・○○建築士　　　　　　　（登録番号：○○　　　　）（取得年月日：○年○月○日）
　（建築士定期講習の最終受講年月日又は建築士試験合格年月日：○年○月○日）
　・（　　　　　　　　　）（登録番号：　　　　　　）（取得年月日：　　年　　月　　日）
　・（　　　　　　　　　）（登録番号：　　　　　　）（取得年月日：　　年　　月　　日）

⑤平成○年○月○日以降に契約履行が完了した同種又は類似業務の実績

業務名 （PUBDIS登録の有無）	発注者 （事業主）	受注形態	業務概要、分担業務分野及び立場		履行期間
○○○○○○建築設計業務 （・有　・無 　コード0000000000)	（　　　）	・単独　・共同体 ・協力事務所 （　　　　　　　）	・同種 ・類似	事務庁舎、RC-3,○○ m² （○○○○○○として従事） 携わった立場等について、以下のいずれかを選択 ・管理技術者として従事 ・主任担当技術者（○○分野）として従事 ・担当技術者（○○分野）として従事	平成○年○月～ 平成○年○月

⑥平成○年○月○日以降に契約履行が完了した○○○○発注の設計業務実績

業務名	受注形態	分担業務分野及び立場	履行期間
○○○○○○○○○○○○○設計業務	・単独　・共同体　・協力事務所 （　　　　　　　　　　）	建築分野主任担当技術者	平成○年○月～ 平成○年○月
	・単独　・共同体　・協力事務所 （　　　　　　　　　　）		
	・単独　・共同体　・協力事務所 （　　　　　　　　　　）		

⑦手持業務の状況（令和　年　月　日現在の手持の設計業務）　[必要に応じて記載する。]
　ただし、特定後未契約のものは、履行期限の欄に契約予定を記入する　　　　合計（　　）件

業務名	発注者 （事業主）	受注形態	業務概要、 分担業務分野及び立場	履行期限
○○○○○○○○○○○○○設計業務	（　　　）	・単独　・共同体 ・協力事務所 （　　　　）	事務庁舎、RC-3,○○ m² （○○○○○○として従事）	平成○年○月
	（　　　）	・単独　・共同体 ・協力事務所 （　　　　）	（　　　　として従事）	
	（　　　）	・単独　・共同体 ・協力事務所 （　　　　）	（　　　　として従事）	

担当技術者の分担業務

①分担業務分野	建築
②所属・役職	○○○○○○○○○ [協力事務所の場合は、会社名も記載する。]
③氏名	

①分担業務分野	構造
②所属・役職	○○○○○○○○○ [協力事務所の場合は、会社名も記載する。]
③氏名	

①分担業務分野	電気設備
②所属・役職	○○○○○○○○○ [協力事務所の場合は、会社名も記載する。]
③氏名	

①分担業務分野	機械設備
②所属・役職	○○○○○○○○○ [協力事務所の場合のみ会社名を記述する。]
③氏名	

協力事務所の名称等

事 務 所 名		代表者名	
所 在 地			
協力を受ける理由及び具体的内容			
分担業務分野			

事 務 所 名		代表者名	
所 在 地			
協力を受ける理由及び具体的内容			
分担業務分野			

事 務 所 名		代表者名	
所 在 地			
協力を受ける理由及び具体的内容			
分担業務分野			

事 務 所 名		代表者名	
所 在 地			
協力を受ける理由及び具体的内容			
分担業務分野			

新たに分担業務分野を追加する場合の主任担当技術者等

①追加する分担業務分野

②追加する分担業務分野の具体的な業務内容

③分担業務分野を追加する理由

主任担当技術者	④氏名　　○○　○○	⑤生年月日　　○年○月○日　　（○才）

⑥所属・役職　　○○○○設計事務所　　○○○○

⑦保有資格等　[必要に応じて記載する。]
　当該資格を保有していることを証明する書類（資格者証の写し等）及び建築士定期講習の最終受講年月日を証明する書類（定期講習修了証の写し等）等を添付すること。
　・○○建築士　　　　　　　（登録番号：○○　　　　）（取得年月日：○年○月○日）
　（建築士定期講習の最終受講年月日又は建築士試験合格年月日：○年○月○日）
　・（　　　　　　　　　）（登録番号：　　　　　）（取得年月日：　　年　　月　　日）
　・（　　　　　　　　　）（登録番号：　　　　　）（取得年月日：　　年　　月　　日）

⑧平成○年○月○日以降に契約履行が完了した当該分野における同種又は類似業務の実績

業務名（PUBDIS登録の有無）	受注形態	業務概要及び当該業務における立場
発注者（事業主）	履行期間	
○○○○○○建築設計業務 （・有　・無 　コード0000000000）	・単独　・共同体 ・協力事務所 （　　　　　　　　）	事務庁舎、RC-3,○○ m² （○○○○○○として従事）
（　　　　　　　　　）	平成○年○月 〜平成○年○月	

⑨手持業務の状況（令和　年　月　日現在の手持の設計業務）　[必要に応じて記載する。]
　ただし、特定後未契約のものは、履行期限の欄に契約予定を記入する　　　　合計（　　）件

業務名	発注者 (事業主)	受注形態	業務概要、 分担業務分野及び立場	履行期限
○○○○○○○○○○○○○ 設計業務	（　　　）	・単独　・共同体 （　　　　　）	事務庁舎、RC-3,○○ m² （○○○○○○として従事）	平成○年○月
	（　　　）	・単独　・共同体 （　　　　　）	（　　　　　として従事）	
	（　　　）	・単独　・共同体 （　　　　　）	（　　　　　として従事）	

設計意図伝達業務特記仕様書例

この「設計意図伝達業務特記仕様書例」に示した [○○○] 部分は、特記事項を検討する際の参考となるように作成のポイントを記載しています。

○○設計意図伝達業務特記仕様書（例）

Ⅰ　業務概要

1．業務名称　　　　　（　　　　　　　　　　　　　　　　　　　　　　　）

2．施設の概要
本業務の対象となる施設の概要は、以下のとおりとする。
- (1)　施設名称　　　　　（　　　　　　　　　　　　　　　　　　　　　）
- (2)・敷地の場所　　　　（　　　　　　　　　　　　　　　　　　　　　）
- (3)　施設用途　　　　　（　　　　　　　　　　　　　　　　　　　　　）
    令和6年国土交通省告示第8号　別添二　第　号　第　類とする。
- (4)　延べ面積　　　　　（　　　　　　　　　）m²

3．適　用
本特記仕様書に記載された特記事項については「⊙」印が付いたものを適用する。「⊙」印の付かない場合は、「※」印を適用する。

「⊙」印と「※」印が付いた場合は共に適用する。

4．対象工事の概要
本業務の対象となる工事（以下「対象工事」という。）の概要は、以下のとおりとする。

※対象工事の名称、工期等は、別紙1のとおりとする。

※対象工事は、ワンデーレスポンス実施対象工事である。

[ワンデーレスポンスとは、工事の受注者等からの質問、協議に対して発注者が、基本的に「その日のうちに」回答するよう対応することである。なお、即日回答が困難な場合に、いつまでに回答が可能かについても工事の受注者等と協議を行い、回答期限を設けるなど、何らかの回答を「その日のうち」にすることを含んでいる。本業務受注者が対応する事項はⅡ 2. ⒀(d)に記載されている。]

・対象工事は、ISO9000シリーズの適用工事である。

・対象工事は、情報システム活用対象工事である。

・

Ⅱ　業務仕様
本特記仕様書に記載されていない事項は、「公共建築設計業務委託共通仕様書」（平成20年3月31日付け国営整第176号（最終改定　令和6年3月26日付け国営整第213号））による。

1．業務の内容及び範囲

(1) 一般業務の範囲

(a) 本業務の管理技術者及び主任担当技術者（以下「管理技術者等」という。）は、工事施工段階において、○○○○設計業務にかかる設計意図（以下「設計意図」という。）を正確に伝えるため、対象工事の図面及び仕様書等（以下「設計図書」という。）に基づき、質疑応答、説明、工事材料、設備機器等の選定に関する検討、報告等を次の業務範囲について行う。

(b) 業務の範囲

業務の範囲は次のとおりとする。

① 設計意図を正確に伝えるための質疑応答、説明等

1) 対象工事の設計図書に関して対象工事に係る工事監理者や対象工事の施工に関し発注者と工事請負契約を締結した者又は工事請負契約書の規定により定められた現場代理人（以下「工事の受注者等」という。）から発注者に提出される質疑（設計図書の不備に起因するものを除く。）に対する検討及び検討結果の調査職員への報告

2) 施工図等を作成するのに必要となる説明図、デザイン詳細図等の作成を行い、調査職員を通じて工事監理者又は工事の受注者等への説明

3) 意匠・構造等、設計上重要な内容で、施工の詳細が定まった後に、設計意図が正確に反映されていることを確認する必要がある次に掲げる施工図等の確認
※
[（例）・コンクリート躯体図

・型枠割付図

・ALC パネル、押出成形セメント板、石、タイル工事の割付・詳細図

・設計図 A-○○（玄関ホール内部詳細図）のうち□□□に係る施工図等]

② 工事材料、設備機器等の選定に関する設計意図の観点からの検討及び助言等

1) 設計図書では、特定の資機材メーカー等の指定にならないように仕様や性能を明記されているため、工事の受注者等が資機材メーカー等を決定した後に、工事の受注者等から提出される形状、納まり等の設計内容を確認する必要がある次に掲げる施工図等の確認
※
[（例）・建具、カーテンウォール等の施工図

・金属工事等の施工図

・システム天井等の製作図等

・プレストレス構造の PC 鋼棒等に関する施工図]

2) 工事の受注者等が資機材メーカー等を決定した後に、仕上げ材料（設備機器等の仕上げを含む。）の色彩、柄等に関する色彩等計画書のとりまとめ

3) その他次に示す施工図等の検討、確認等
・
[（例）・模型、モックアップ等（設計図書で、その製作を特記したもの）]

(2) 追加業務の内容及び範囲

・建築物等の利用に関する説明書の作成

工事の受注者等がとりまとめる公共建築工事標準仕様書（令和4年版）に示す「建築物等の利用に関する説明書」（以下「説明書」という。）を次により作成する。

(a) 表1「建築物等の利用に関する説明書（本編）の作成対象及び作成担当者一覧表」及び表2「建築物等の利用に関する説明書（防災編）の作成対象及び作成担当者一覧表」において、説明書の作成対象である項目（「作成対象」欄に「○」の付けられた項目）のうち、本業務受注者が作成を担当する項目（「作成担当者」の「本業務受注者」欄に「○」がある項目）に関する説明書を作成する。

(b) 説明書は「建築物等の利用に関する説明書作成の手引き（平成28年改定）」（以下「作成の手引き」という。）に基づき、「建築物等の利用に関する説明書作成例」（以下「作成例」という。）を参考に作成する。作成の手引きは下記により閲覧することができる。

https://www.mlit.go.jp/gobuild/kijun_kentikubuturiyou_tebiki.html

(c) 作成例のオリジナルデータを貸与する。

なお、貸与されたデータは本業務の説明書作成以外の目的に使用してはならない。

(d) 受注者は、作成した説明書を調査職員に提出する。説明書の作成に当たっては、調査職員と記載事項に関する協議を行い、作成後は調査職員に内容の説明を行う。

なお、説明書の項目の重複や欠落がないように工事の受注者等と調整を行うこと。また、工事の受注者等から説明書作成に関する情報提供等の要請があった場合は、協力すること。

表1　建築物等の利用に関する説明書（本編）の作成対象及び作成担当者一覧表

| 構成 | 項目 | 作成対象 | 作成担当者 | | 作成方法 |
			本業務受注者	工事の受注者等	
概要	目的	○	—	○	作成例の加筆、修正により作成する。
	説明書の概要	○	—	○	
使用の手引き	設計主旨	○	○	—	作成の手引きに基づき、作成例を参考に作成する。
	施設概要	○	○	—	
	使用条件	○	○	—	
	使用方法	○	○	—	
	将来の改修・修繕における留意事項	○	○	—	
保全の手引き	保全の概要	○	—	○	作成例の加筆、修正により作成する。
	保全の方法	○	—	○	作成の手引きに基づき、作成例を参考に作成する。
	点検対象・周期一覧表	○	○	—	
	測定等対象・周期一覧表	○	○	—	
	取扱資格者一覧表	○	○	—	
	届出書類一覧表	○	—	○	
	設計及び工事担当者一覧表	○	—	○	
	資材・機材一覧表	○	—	○	
	官公署連絡先一覧表	○	—	○	

構成	項目	作成対象	作成担当者 本業務受注者	作成担当者 工事の受注者等	作成方法
保全計画	保全計画の概要	○	—	○	作成例の加筆、修正により作成する。
	中長期保全計画	○	—	○	作成の手引きに基づき、作成例を参考に作成する。
	年度保全計画	○	—	○	
保全台帳	保全台帳の概要	○	—	○	作成例の加筆、修正により作成する。
	建築物等の概要	○	—	○	
	点検及び確認記録	○	—	○	作成の手引きに基づき、作成例を参考に作成する。
	修繕履歴	○	—	○	
	その他の項目の記録	○	—	○	

［作成対象の欄は、発注者が工事内容に応じて○を付す。］

表2　建築物等の利用に関する説明書（防災編）の作成対象及び作成担当者一覧表

構成	項目	作成対象	作成担当者 本業務受注者	作成担当者 工事の受注者等	作成方法
防災編	目的	○	○	—	作成の手引きに基づき、作成例を参考に作成する。
	建物の位置の評価	○	○	—	
	非常時の対応【発災時】	○	○	—	
	ライフライン等設備図	○	○	—	
	緊急点検の実施方法及び応急復旧の方法	○	○	—	
	業務継続計画のために考慮すべき事項	○	○	—	
	非常時に備えた訓練	○	○	—	

［作成対象の欄は、発注者が工事内容に応じて○を付す。］

・発注者が主催し行う住民説明会への参加及び説明への協力（○回）
・建築物のエネルギー等消費性能の向上等に関する法律（平成27年法律第53号。以下「建築物省エネ法」という。）第13条第3項に規定する変更に関する調整
　(a)　建築物省エネ法第13条第3項に規定する変更の通知に係る手続きの発生の有無の確認（所管行政庁との協議を含む。）
　(b)　(a)で手続きが発生する場合の当該申請に関する手続（手数料の納付は含まない。）
　(c)　(a)で手続きが発生しない場合の軽微な変更に関する手続（手数料の納付は含まない。）

2．業務の実施

(1)　一般事項

　(a)　本業務は、提示された設計図書及び適用基準に基づき実施する。
　(b)　管理技術者等は調査職員の指示により、意図伝達業務の確認項目一覧表を作成し調査職員の承諾を得ること。

(c) 管理技術者等は調査職員の指示に従い、業務の履行経緯を明確に記した書類を整備する。また、調査職員の請求があったときは、ただちに提出する。

(d) 管理技術者等は月間業務計画表及び月間業務報告書を作成し、調査職員に提出する。

(e) 管理技術者等はⅡ 1. に掲げる業務を処理した場合は、その都度その概要を調査職員に報告する。

(f) その他

① 本業務の履行に当たり、施工図等の確認段階で生じる調整事項については、対象工事の監督職員（以下「監督職員」という。）と必要な内容確認及び問題点の整理を行うことができる。ただし、当該内容確認等を行った場合は、その内容及び結果について遅滞なく調査職員に報告し、必要な指示を受けなければならない。

② 本業務の履行に当たり、工事の受注者等や工事監理業務の受注者との設計内容に関する内容確認等を、調査職員及び監督職員の承諾を得て直接行うことができる。ただし、当該内容確認等において、工事の受注者等及び工事監理業務の受注者に対して、如何なる方法を問わず指示その他の命令及び決定を行ってはならない。

③ 本業務の管理技術者等は、監督職員の承諾を得て、本業務の履行に当たり必要なⅡ 1.(1)に示す施工図等以外の施工図等及び施工途中の現地の確認を行うことができる。

(2) 適用基準等

※○○○○設計業務における適用基準

・

(3) 業務実績情報の登録の要否

・要

受注者は、公共建築設計者情報システム（PUBDIS）に「業務カルテ」を登録する。

なお、登録に先立ち、登録内容について、調査職員の確認を受ける。また、業務完了検査時には、登録されることの証明として、調査職員の確認を受けた資料を検査職員に提出し確認を受け、その後、業務完了後に速やかに登録を行う。登録完了後、業務カルテ受領書の写しを調査職員に提出する。

・不要

(4) 業務計画書

業務計画書には、契約図書に基づき次の事項を記載する。[参考資料4 設計意図伝達業務計画書作成例参照]

(a) 業務一般事項

(b) 業務実施工程表

(c) 業務体制表

(d) 業務方針

なお、設計業務の受注に際してのプロポーザル方式による手続きにおいて提出した技術

提案書に記載の管理技術者等の経歴等、協力事務所の名称等及び分担業務分野を追加した場合はその資料を添付する。また、担当技術者を配置する場合には担当技術者の氏名も記載する。

(5) **調査職員の権限内容**

(a) 総括調査員は、総括調査業務を担当し、主に、受注者に対する指示、承諾、協議、関連業務との調整等で重要なものの処理を行う。また、業務の内容の変更、一時中止又は契約の解除の必要があると認める場合における契約担当官等（会計法（昭和22年法律第35号）第29条の3第1項に規定する契約担当官等をいう。）に対する報告等を行うとともに、主任調査員及び調査員の指揮監督並びに調査業務のとりまとめを行う。

(b) 主任調査員は、主任調査業務を担当し、主に、受注者に対する指示、承諾、協議等（重要なもの及び軽易なものを除く。）の処理、業務の進捗状況の確認、設計仕様書の記載内容と履行内容との照合その他契約の履行状況の調査で重要なものの処理、関連業務との調整（重要なものを除く。）の処理を行う。また、業務の内容の変更、一時中止又は契約の解除の必要があると認める場合における総括調査員への報告を行うとともに、調査員の指揮監督並びに主任調査業務及び一般調査業務のとりまとめを行う。

(c) 調査員は、一般調査業務を担当し、主に、受注者に対する指示、承諾、協議等で軽易なものの処理、業務の進捗状況の確認、設計仕様書の記載内容と履行内容との照合その他契約の履行状況の調査（重要なものを除く。）を行う。また、業務の内容の変更、一時中止又は契約の解除の必要があると認める場合における主任調査員への報告を行うとともに、一般調査業務のとりまとめを行う。

(d) 総括調査員が置かれていない場合の主任調査員は総括調査業務を、総括調査員及び主任調査員が置かれていない場合の調査員は総括調査業務及び主任調査業務を、調査員が置かれていない場合の主任調査員は一般調査業務をそれぞれあわせて担当する。

(6) **管理技術者等**

管理技術者等は、○○○○設計業務における管理技術者及び主任担当技術者とする。ただし、やむを得ない理由があり、かつ発注者の承諾を得た場合はこの限りでない。

(7) **貸与品等**
・適用基準のうち貸与するもの
・設計図書
・敷地調査報告書

　　貸与場所（　　　　　　　　　　　　　　　　　）　貸与時期（　　　　　　）
　　返却場所（　　　　　　　　　　　　　　　　　）　返却時期（　　　　　　）

(8) **打合せ及び記録**

(a) 打合せは次の時期に行い、速やかに記録を作成し、これを調査職員に提出する。

① 業務着手時

② Ⅱ 2.(1)(f)に定める内容確認又は調整を行う場合

③ 調査職員又は管理技術者が必要と認めた時

④ その他（　　　　　　　　　　　　　　　　　）

(b) 打合せや情報共有に当たっては、受発注者間で協議のうえ、双方の生産性向上に資する方法を検討すること。具体的には電話、WEB会議、電子メール、情報共有システム（情報通信技術を活用し、受発注者間など異なる組織間で情報を交換・共有することによって業務効率化を実現するシステムをいう。以下同じ。）等の活用を検討すること。

(9) 書面手続

設計仕様書（質問回答書、現場説明書、別冊の図面、特記仕様書及び共通仕様書をいう。以下同じ。）において書面で行わなければならないとされている受発注者間の手続（以下、「書面手続」という。）の方法は、原則として(a)による。ただし、受注者の通信環境の事情等によりオンライン化が困難な場合は(b)による。

なお、情報共有システム活用対象工事の場合は(a)(2)による。

(a) オンラインによる場合

書面手続は、押印を省略し、電子メール等を利用する場合は①、情報共有システムを利用する場合は②による。

① 電子メール等を利用する場合

1) 業務着手後の面談等において、受発注者間で電子メールの送受信を行う者を特定し、氏名、電子メールアドレス及び連絡先を共有すること。

2) 電子メールの送信は、原則として、1)で共有した者のうち複数の者に対して行うこと。

3) 受信した電子メールについては、送信者の電子メールアドレスが1)で共有したものと同じであるか確認すること。

4) ファイルの容量が大きく、電子メールでの送受信が困難な場合は、1)で共有した者の間で、調査職員が指定する大容量ファイル転送システムを用いることができる。

② 情報共有システムを利用する場合

1) 業務着手後の面談等において、受発注者双方の情報共有システム利用者を特定し、氏名及び連絡先を共有すること。

2) 受発注者は、情報共有システムを利用するためのID及びパスワードの管理を徹底すること。

(b) オンライン化が困難な場合

書面手続は押印の省略を可とし、押印を省略する場合、書面に、責任者及び担当者の氏名及び連絡先を記載する。ただし、業務着手後の面談等における受発注者相互の本人確認以降、受発注者間の面談等において提出される書面については、押印の省略に当たって責任者及び担当者の氏名及び連絡先を記載しなくてもよい。

(c)　その他

①　(a)で用いる電子データが、最終版であることを明示するなどの版管理の運用方法を受発注者間で協議し、定めること。

②　検査は、書面手続に電子メールを利用した場合は受注者が保管した電子データで、情報共有システムを利用した場合は同システムに保存した電子データで行う。

③　電子成果品として納品する場合の電子データの仕様等については、「営繕業務電子納品要領」によることを原則とする。

⑽　**情報共有システムの活用**

本業務の対象工事が、情報共有システム活用対象工事の場合は、工事関係者間の情報を電子的に交換・共有することにより業務の効率化を図ることとし、情報共有システムの利用は次による。

(a)　受注者は、次に掲げる業務の実施に当たり、対象工事の受注者が利用する情報共有システムを利用する。

①　一般業務のうち次に掲げる業務

1)　設計意図を正確に伝えるための質疑応答、説明等

2)　工事材料、設備機器等の選定に関する設計意図の観点からの検討、助言等

②　追加業務のうち次に掲げる業務

・建築物等の利用に関する説明書の作成

(b)　対象工事の受注者が利用する情報共有システムは、次の要件を満たすものである。

①　工事施工中における受発注者間の情報共有システム機能要件 2019 年版営繕工事編

②　システム想定利用人数（ライセンス ID 数）：計●●名

　　　発注者：●名

　　　○○工事受注者：●名

　　　○○工事受注者：●名

　　　○○工事監理業務受注者：●名

　　　○○工事設計意図伝達業務受注者：●名

(c)　受注者が利用する情報共有システムに係る費用は対象工事に含まれる。当該費用は情報共有システムへの登録料及び使用料である。

⑾　**情報管理体制の確保**

(a)　受注者は、本業務に関して発注者から貸与された情報その他知り得た情報であって、発注者が保護を要さないことを同意していない一切の非公表情報（以下「要保護情報」という。）を取り扱う場合は、当該情報を適切に管理するため、別紙様式を参考に、情報取扱者名簿及び情報管理体制図を作成・提出し、発注者の同意を得なければならない。また、記載内容に変更が生じる場合も、同様に作成・提出のうえ、あらかじめ発注者の同意を得なければならない。

(b)　受注者は、要保護情報について、情報取扱者以外の者に使用、閲覧又は漏えいさせてはならない。

(c) 受注者は、要保護情報の漏えい等の事故やおそれが判明した場合は、履行中・履行後を問わず、事実関係等について直ちに発注者へ報告すること。

なお、報告がない場合でも、情報の漏えい等の懸念がある場合は、発注者が行う報告徴収や調査に応じること。

⑿　図面等の情報の適正な管理

(a) 次に掲げる措置その他必要となる措置を講じ、契約書の秘密の保持等の規定を遵守のうえ、図面等の情報を適切に管理すること。

なお、発注者は措置の実施状況について報告を求めることができる。また、不十分であると認められる場合には、是正を求めることができる。

図面等とは、

1)　次に該当する図面、特記仕様書等

a)　対象工事の設計図書

b)　業務の成果物（未完成の成果物を含む。）

c)　その他業務の実施のため、作成され、又は交付、貸与等されたもの

2)　工事関係図書のうち、施工図等、工事写真その他施設の内容について表示された図書等とし、紙媒体によるもののほか、これらの電子データ等を含む。

① 発注者の承諾無く、図面等の情報を業務の履行に関係しない第三者に閲覧させる、提供するなど（ホームページへの掲載、書籍への寄稿等を含む。）しない。

② 業務の履行のための協力者等への図面等の情報の交付等は、必要最小限の範囲について行う。

③ 図面等の情報の送信又は運搬は、業務の履行のために必要な場合のほかは、発注者が必要と認めた場合に限る。また、必要となる情報漏洩防止を図るため、電子データによる送信又は運搬に当たってのパスワードによる保護、情報の暗号化等必要となる措置を講ずる。

④ サイバー攻撃に対して、必要となる情報漏洩防止の措置を講ずる。

⑤ 貸与品等の情報については、業務の履行に必要な範囲に限り使用するものとし、Ⅱ2.(7)により調査職員に返却する。また、複製等については、適切な方法により消去又は廃棄する。

⑥ 契約の履行に関して知り得た秘密については、契約書に規定されるとおり秘密の保持が求められるものとなるので特に取扱いに注意する。

(b) 図面等の情報の紛失、盗難等が生じたこと又は生じたおそれが認められた場合は、速やかに発注者に報告し、状況を把握するとともに、必要となる措置を講ずる。

(c) 上記(a)及び(b)の規定は、契約終了後も対象とする。

(d) 上記(a)、(b)及び(c)の規定は、協力者等に対しても対象とする。

⒀　その他、業務の履行に係る条件等

　(a)　指定部分の範囲　　　（　　　　　　　　　　　　　　　　　　　　　　　）

　　・指定部分の履行期限　（　　　　　　　　　　　　　　　　　　　　　　　）

　(b)　成果物の提出場所　　（　　　　　　　　　　　　　　　　　　　　　　　）

　(c)　成果物の取扱いについて

　　　提出された説明図、デザイン詳細図等は、当該施設に係る工事の受注者等に貸与し、当該工事における施工図の作成、当該施設の完成図の作成及び完成後の維持管理に使用することがある。

　(d)　本業務受注者は、工事の受注者等からの質問、協議のうち、本業務に関する事項について、発注者が「その日のうち」に何らかの対応が可能な体制を整備するなど、必要な協力をしなければならない。

　　　なお、質問、協議の内容により、ワンデーレスポンスの実施において即日の対応が困難な場合は調査職員と協議のうえ、期限を確認するとともに、これを遵守すること。

　(e)　設計者が設計意図を遅滞なく伝達することが、工事の生産性向上に資することを十分認識したうえで、常に工事の工程を確認し業務を実施すること。工事の工程に合わせて検討、報告等の期限が設定された場合は、これを遵守すること。

　(f)　暴力団員等による不当介入を受けた場合の措置について

　　①　本業務において、暴力団員等による不当介入を受けた場合は、断固としてこれを拒否すること。また、不当介入を受けた時点で速やかに警察に通報を行うとともに、捜査上必要な協力を行うこと。再委託先等が不当介入を受けたことを認知した場合も同様とする。

　　②　①により警察に通報又は捜査上必要な協力を行った場合には、速やかにその内容を記載した書面により発注者に報告すること。

　　③　①及び②の行為を怠ったことが確認された場合は、指名停止等の措置を講じることがある。

　　④　本業務において、暴力団員等による不当介入を受けたことにより工程に遅れが生じる等の被害が生じた場合は、発注者と協議を行うこと。

　(g)　○○○○設計業務の成果物として提出した BIM データ及び BIM データ説明資料について、BIM 伝達会議において工事受注者に説明すること。

3．成果物及び提出部数等

本業務の成果物の体裁・提出部数等は次による。

成果物等	電子データ	紙	特記事項
・説明図及びデザイン詳細図等	・	・（　）部	．
・色彩計画書	・	・（　）部	
・打合せ記録	・	・（　）部	
・確認項目一覧表	・	・（　）部	
・月間業務計画表	・	・（　）部	
・月間業務報告書	・	・（　）部	
・建築物の利用に関する説明書	・	・（　）部	
・			

（注）：紙による成果物は、特記なき限り、A4ファイル綴じとする。

別紙 1

対 象 工 事 概 要

業務名称 _____

対象工事名	工事概要	工期 自	工期 至	工事発注規模	工事受注者	備 考
○○○○建築工事	庁舎 RC－3 ○○m² 新築 1 棟	R○.○.○	R○.○.○	( ) 千円 (税抜き)	○○○○	
○○○○電気設備工事	電気設備一式	R○.○.○	R○.○.○		○○○○	
○○○○機械設備工事	機械設備一式	R○.○.○	R○.○.○		○○○○	
○○○○エレベーター設備工事	エレベーター設備一式	R○.○.○	R○.○.○		○○○○	

設計意図伝達業務計画書作成例

この「設計意図伝達業務計画書作成例」に示した [○○○] 部分は、作成の参考となるポイントを記載しています。

令和　年　月　日

総括調査員
　〇〇　〇〇　殿

住　所

会　社　名

代表者名

業務計画書の提出について

（　業　務　名　）業務について、下記のとおり業務計画書を提出します。

記

1．業務一般事項
2．業務実施工程表
3．業務体制表
4．業務方針
［様式は任意］

業務計画書（例）

1．業務一般事項（業務概要）

(1) 業務名称：

  (2) 履行期間：自 令和 年 月 日 ～ 至 令和 年 月 日

    （指定部分① ～令和 年 月 日）

    （指定部分② ～令和 年 月 日）

  (3) 業務内容

    ［業務概要を記載する。］

  (4) 打合せ及び情報共有について

    ［特記仕様書 Ⅱ 2.(8)打合せ及び記録について検討し、協議結果について記載する。］

2．業務実施工程表　別紙

  ［工事工程表に基づき本業務工程計画を検討し、業務実施工程表として取りまとめる。なお、建築設計業務委託契約書第3条業務工程表とは別に作成する。］

  ［特記仕様書に基づき、令和6年国土交通書告示第8号別添一第1項を参考に、一般業務、追加業務について着手、完了時が分かるように記載する。また、履行期限（指定部分を含む）などを記載する。］

3．業務体制表　別紙

  ［受注者名及び業務履行体制を管理技術者、総合、構造、電気設備、機械設備の各分担業務分野の主任担当技術者、担当技術者の氏名を記載する。なお、協力事務所がある場合は、分担業務分野を明確にし、主任担当技術者、担当技術者の氏名を記載する。］

  ［設計業務の受注に際してのプロポーザル方式による手続きにおいて提出した技術提案書に記載の管理技術者等の経歴等、協力事務所の名称等及び分担業務分野を追加した場合は、参考資料2 設計業務計画書作成例に掲載した様式例又はPUBDISの業務カルテを使用することができる。また、業務入札資格要件で求めていない者の保有資格及び業務実績は記載する必要ない。］

4．業務方針

  ［本業務を実施するに当たり受注者の業務実施方針を明確化し記載する。］

5．業務の履行

  ［業務の履行に当たり特筆する事項について記載する。］

6．成果品

7．成果品の提出場所

業務実施工程表（例）

委託業務名称

業務実施工程表

業務項目	令和○年 ○月 ○月 ○月	令和○年 ○月 ○月 ○月 ○月 ○月 ○月	令和○年 ○月 ○月 ○月	備考
1. 設計意図を正確に伝えるための質疑応答、説明、確認　①設計図書				
②施工図作成				
③施工図確認				
2. 工事材料、設備機器等選定の設計意図の観点からの検討及び助言　①施工図確認				
②色彩等計画				
③施工図検討				
3. 住民説明会　参加、説明協力				
4. 建築物等の利用に関する説明書作成				
5. 建築物のエネルギー等消費性能向上等に関する法律調整　変更調整				
6. その他				
7. 履行検査等	指定部分検査▲		業務完了検査▲	

— 65 —

業務体制表 (例)

委託業務名称

受注者
○○○○設計事務所

管理技術者
○○　○○
資格番号（　　）号
一級建築士

総合主任
担当技術者
（・協力事務所）
（○○設計事務所）
○○　○○

構造主任
担当技術者
（・協力事務所）
（○○設計事務所）
○○　○○

電気主任
担当技術者
（・協力事務所）
（○○設計事務所）
○○　○○

機械主任
担当技術者
（・協力事務所）
（○○設計事務所）
○○　○○

総合担当技術者
○○　○○　○○
○○　○○　○○
（・協力事務所）
（○○設計事務所）
○○　○○

構造担当技術者
○○　○○　○○
○○　○○　○○
（・協力事務所）
（○○設計事務所）
○○　○○

電気担当技術者
○○　○○
○○　○○
（・協力事務所）
（○○設計事務所）
○○　○○

機械担当技術者
○○　○○
○○　○○
（・協力事務所）
（○○設計事務所）
○○　○○

※ 協力事務所がある場合は、各主任担当技術者・担当技術者欄（　）内の・印に○印を記入し、設計事務所名及び担当者名を記載する。

建築設計業務委託契約書

建設省厚契発第37号

平成10年10月1日

最終改正 国会公契第8号

国北予第26号

令和4年8月8日

建築設計業務委託契約書

1 委託業務の名称

2 履 行 期 間 　令和　　年　　月　　日から

令和　　年　　月　　日まで

3 業 務 委 託 料

（うち取引に係る消費税及び地方消費税額）

4 契 約 保 証 金

5 調 停 人

6 建築士法第22条の3の3に定める記載事項　　別紙のとおり

　上記の委託業務について、発注者と受注者は、各々の対等な立場における合意に基づいて、別添の条項によって公正な委託契約を締結し、信義に従って誠実にこれを履行するものとする。また、受注者が設計共同体を結成している場合には、受注者は、別紙の○○設計共同体協定書により契約書記載の業務を共同連帯して実施する。

　本契約の証として本書2通を作成し、発注者及び受注者が記名押印の上、各自1通を保有する。

令和　　年　　月　　日

発注者　　　住　所

〔分　任〕支出負担行為担当官（代理）　　　　　　　　　　　印

〔分　任〕契　約　担　当　官（代理）　　　　　　　　　　　印

受注者　　　住　所

氏　名　　　　　　　　　　　　　　　　　　　　印

［注］　受注者が設計共同体を結成している場合においては、受注者の住所及び氏名の欄には、設計共同体の名称並びに設計共同体の代表者及びその他の構成員の住所及び氏名を記入する。

（総　則）

第1条　発注者及び受注者は、この契約書（頭書を含む。以下同じ。）に基づき、設計業務委託仕様書（別冊の図面、仕様書、現場説明書及びこれらの図書に係る質問回答書並びに現場説明に対する質問回答書をいう。以下「設計仕様書」という。）に従い、日本国の法令を遵守し、

この契約（この契約書及び設計仕様書を内容とする業務の委託契約をいう。以下同じ。）を履行しなければならない。

2　受注者は、契約書記載の業務（以下「業務」という。）を契約書記載の履行期間（以下「履行期間」という。）内に完了し、契約の目的物（以下「成果物」という。）を発注者に引き渡すものとし、発注者は、その業務委託料を支払うものとする。

3　発注者は、その意図する成果物を完成させるため、業務に関する指示を受注者又は第16条に定める受注者の管理技術者に対して行うことができる。この場合において、受注者又は受注者の管理技術者は、当該指示に従い業務を行わなければならない。

4　受注者は、発注者に対し、業務を遂行する上で必要と認められる説明を行うよう努めなければならない。

5　受注者は、この契約書若しくは設計仕様書に特別の定めがある場合又は第3項の指示若しくは発注者と受注者との協議がある場合を除き、業務を完了するために必要な一切の手段をその責任において定めるものとする。

6　この契約の履行に関して発注者と受注者との間で用いる言語は、日本語とする。

7　この契約書に定める金銭の支払いに用いる通貨は、日本円とする。

8　この契約の履行に関して発注者と受注者との間で用いる計量単位は、設計仕様書に特別の定めがある場合を除き、計量法（平成4年法律第51号）に定めるものとする。

9　この契約書及び設計仕様書における期間の定めについては、民法（明治29年法律第89号）及び商法（明治32年法律第48号）の定めるところによるものとする。

10　この契約は、日本国の法令に準拠するものとする。

11　この契約に係る訴訟の提起又は調停（第61条の規定に基づき、発注者と受注者との協議の上選任される調停人が行うものを除く。）の申立てについては、日本国の裁判所をもって合意による専属的管轄裁判所とする。

12　受注者が設計共同体を結成している場合においては、発注者は、この契約に基づくすべての行為を設計共同体の代表者に対して行うものとし、発注者が当該代表者に対して行ったこの契約に基づくすべての行為は、当該共同体のすべての構成員に対して行ったものとみなし、また、受注者は、発注者に対して行うこの契約に基づくすべての行為について当該代表者を通じて行わなければならない。

（指示等及び協議の書面主義）

第2条　この契約書に定める指示、催告、請求、通知、報告、申出、承諾、質問、回答及び解除（以下「指示等」という。）は、書面により行わなければならない。

2　前項の規定にかかわらず、緊急やむを得ない事情がある場合には、発注者及び受注者は、前項に規定する指示等を口頭で行うことができる。この場合において、発注者及び受注者は、既に行った指示等を書面に記載し、7日以内にこれを相手方に交付するものとする。

3　発注者及び受注者は、この契約書の他の条項の規定に基づき協議を行うときは、当該協議の内容を書面に記録するものとする。

（業務工程表の提出）

第3条　受注者は、この契約締結後○日以内に設計仕様書に基づいて業務工程表を作成し、発注

者に提出しなければならない。

　　［注］　○の部分には、原則として、「14」と記入する。

2　発注者は、必要があると認めるときは、前項の業務工程表を受理した日から○日以内に、受注者に対してその修正を請求することができる。

　　［注］　○の部分には、原則として、「7」と記入する。

3　この契約書の他の条項の規定により履行期間又は設計仕様書が変更された場合において、発注者は、必要があると認めるときは、受注者に対して業務工程表の再提出を請求することができる。この場合において、第1項中「この契約締結後」とあるのは「当該請求があった日から」と読み替えて、前2項の規定を準用する。

4　業務工程表は、発注者及び受注者を拘束するものではない。

（契約の保証）

第4条　受注者は、この契約の締結と同時に、次の各号のいずれかに掲げる保証を付さなければならない。ただし、第5号の場合においては、履行保証保険契約の締結後、直ちにその保険証券を発注者に寄託しなければならない。

　一　契約保証金の納付

　二　契約保証金の納付に代わる担保となる有価証券等の提供

　三　この契約による債務の不履行により生ずる損害金の支払いを保証する銀行、発注者が確実と認める金融機関又は保証事業会社（公共工事の前払金保証事業に関する法律（昭和27年法律第184号）第2条第4項に規定する保証事業会社をいう。以下同じ。）の保証

　四　この契約による債務の履行を保証する公共工事履行保証証券による保証

　五　この契約による債務の不履行により生ずる損害をてん補する履行保証保険契約の締結

2　受注者は、前項の規定による保険証券の寄託に代えて、電子情報処理組織を使用する方法その他の情報通信の技術を利用する方法（以下「電磁的方法」という。）であって、当該履行保証保険契約の相手方が定め、発注者が認めた措置を講ずることができる。この場合において、受注者は、当該保険証券を寄託したものとみなす。

3　第1項の保証に係る契約保証金の額、保証金額又は保険金額（第6項において「保証の額」という。）は、業務委託料の10分の1以上としなければならない。

4　受注者が第1項第3号から第5号までのいずれかに掲げる保証を付す場合は、当該保証は第56条第3項各号に規定する者による契約の解除の場合についても保証するものでなければならない。

5　第1項の規定により、受注者が同項第2号又は第3号に掲げる保証を付したときは、当該保証は契約保証金に代わる担保の提供として行われたものとし、同項第4号又は第5号に掲げる保証を付したときは、契約保証金の納付を免除する。

6　業務委託料の変更があった場合には、保証の額が変更後の業務委託料の10分の1に達するまで、発注者は、保証の額の増額を請求することができ、受注者は、保証の額の減額を請求することができる。

　　［注］　契約の保証を免除する場合は、この条を削除する。

（権利義務の譲渡等）

第5条　受注者は、この契約により生ずる権利又は義務を第三者に譲渡し、又は承継させてはならない。ただし、あらかじめ、発注者の承諾を得た場合は、この限りでない。

2　受注者は、成果物（未完成の成果物及び業務を行う上で得られた記録等を含む。）を第三者に譲渡し、貸与し、又は質権その他の担保の目的に供してはならない。ただし、あらかじめ、発注者の承諾を得た場合は、この限りでない。

3　受注者が前払金の使用や部分払等によってもなおこの契約の履行に必要な資金が不足することを疎明したときは、発注者は、特段の理由がある場合を除き、受注者の業務委託料債権の譲渡について、第1項ただし書の承諾をしなければならない。

4　受注者は、前項の規定により、第1項ただし書の承諾を受けた場合は、業務委託料債権の譲渡により得た資金をこの契約の履行以外に使用してはならず、またその使途を疎明する書類を発注者に提出しなければならない。

　［注］　第3項を使用しない場合は、同項及び第4項を削除する。

（秘密の保持）

第6条　受注者は、この契約の履行に関して知り得た秘密を漏らしてはならない。

2　受注者は、発注者の承諾なく、成果物（未完成の成果物及び業務を行う上で得られた記録等を含む。）を他人に閲覧させ、複写させ、又は譲渡してはならない。

　― 条文（A）―

（著作権の帰属）

第7条　成果物（第40条第1項に規定する指定部分に係る成果物及び同条第2項に規定する引渡部分に係る成果物を含む。以下この条から第11条まで及び第14条において同じ。）又は成果物を利用して完成した建築物（以下「本件建築物」という。）が著作権法（昭和45年法律第48号）第2条第1項第1号に規定する著作物（以下「著作物」という。）に該当する場合には、著作権法第2章及び第3章に規定する著作者の権利（以下、この条から第11条までにおいて「著作権等」という。）は、著作権法の定めるところに従い、受注者又は発注者及び受注者の共有に帰属するものとする。

（著作物等の利用の許諾）

第8条　受注者は発注者に対し、次の各号に掲げる成果物の利用を許諾する。この場合において、受注者は次の各号に掲げる成果物の利用を発注者以外の第三者に許諾してはならない。

　一　成果物を利用して建築物を1棟（成果物が2以上の構えを成す建築物の建築をその内容としているときは、各構えにつき1棟ずつ）完成すること。

　二　前号の目的及び本件建築物の増築、改築、修繕、模様替、維持、管理、運営、広報等のために必要な範囲で、成果物を発注者が自ら複製し、若しくは翻案、変形、改変その他の修正をすること又は発注者の委託した第三者をして複製させ、若しくは翻案、変形、改変その他の修正をさせること。

2　受注者は、発注者に対し、次の各号に掲げる本件建築物の利用を許諾する。

　一　本件建築物を写真、模型、絵画その他の媒体により表現すること。

　二　本件建築物を増築し、改築し、修繕し、模様替により改変し、又は取り壊すこと。

（著作者人格権の制限）

第9条　受注者は、発注者に対し、成果物又は本件建築物の内容を自由に公表することを許諾する。

2　受注者は、次の各号に掲げる行為をしてはならない。ただし、あらかじめ、発注者の承諾を得た場合は、この限りでない。

一　成果物又は本件建築物の内容を公表すること。

二　本件建築物に受注者の実名又は変名を表示すること。

3　受注者は、前条の場合において、著作権法第19条第1項及び第20条第1項の権利を行使しないものとする。

（著作権等の譲渡禁止）

第10条　受注者は、成果物又は本件建築物に係る著作権法第2章及び第3章に規定する受注者の権利を第三者に譲渡し、又は承継させてはならない。ただし、あらかじめ、発注者の承諾又は同意を得た場合は、この限りでない。

（著作権の侵害の防止）

第11条　受注者は、その作成する成果物が、第三者の有する著作権等を侵害するものでないことを、発注者に対して保証する。

2　受注者は、その作成する成果物が第三者の有する著作権等を侵害し、第三者に対して損害の賠償を行い、又は必要な措置を講じなければならないときは、受注者がその賠償額を負担し、又は必要な措置を講ずるものとする。

― 条文（B）―

（著作権の譲渡等）

第7条　受注者は、成果物（第40条第1項に規定する指定部分に係る成果物及び同条第2項に規定する引渡部分に係る成果物を含む。以下この条から第10条まで及び第14条において同じ。）又は成果物を利用して完成した建築物（以下「本件建築物」という。）が著作権法（昭和45年法律第48号）第2条第1項第1号に規定する著作物（以下「著作物」という。）に該当する場合には、当該著作物に係る著作権法第2章及び第3章に規定する著作者の権利（著作権法第27条及び第28条の権利を含む。以下、この条から第10条までにおいて「著作権等」という。）のうち受注者に帰属するもの（著作権法第2章第2款に規定する著作者人格権を除く。）を当該成果物の引渡し時に発注者に譲渡する。

（著作者人格権の制限）

第8条　受注者は、発注者に対し、次の各号に掲げる行為をすることを許諾する。この場合において、受注者は、著作権法第19条第1項又は第20条第1項に規定する権利を行使してはならない。

一　成果物又は本件建築物の内容を公表すること。

二　本件建築物の完成、増築、改築、修繕、模様替、維持、管理、運営、広報等のために必要な範囲で、成果物を発注者が自ら複製し、若しくは翻案、変形、改変その他の修正をすること又は発注者の委託した第三者をして複製させ、若しくは翻案、変形、改変その他の修正をさせること。

三　本件建築物を写真、模型、絵画その他の媒体により表現すること。

四　本件建築物を増築し、改築し、修繕若しくは、模様替により改変し、又は取り壊すこと。

2　受注者は、次の各号に掲げる行為をしてはならない。ただし、あらかじめ、発注者の承諾又は合意を得た場合は、この限りでない。

一　成果物又は本件建築物の内容を公表すること。

二　本件建築物に受注者の実名又は変名を表示すること。

3　発注者が著作権を行使する場合において、受注者は、著作権法第19条第1項又は第20条第1項に規定する権利を行使してはならない。

（受注者の利用）

第9条　発注者は、受注者に対し、成果物を複製し、又は、翻案することを許諾する。

（著作権の侵害の防止）

第10条　受注者は、その作成する成果物が、第三者の有する著作権等を侵害するものでないことを、発注者に対して保証する。

2　受注者は、その作成する成果物が第三者の有する著作権等を侵害し、第三者に対して損害の賠償を行い、又は必要な措置を講じなければならないときは、受注者がその賠償額を負担し、又は必要な措置を講ずるものとする。

　［注］　条文（A）（B）は当該建築設計業務の内容に応じて、選択的に適用する。

（一括再委託等の禁止）

第12条　受注者は、業務の全部を一括して、又は設計仕様書において指定した部分を第三者に委任し、又は請け負わせてはならない。

2　受注者は、業務の一部を第三者に委任し、又は請け負わせようとするときは、あらかじめ、発注者の承諾を得なければならない。ただし、発注者が設計仕様書において指定した軽微な部分を委任し、又は請け負わせようとするときは、この限りでない。

3　発注者は、受注者に対して、業務の一部を委任し、又は請け負わせた者の商号又は名称その他必要な事項の通知を請求することができる。

（特許権等の使用）

第13条　受注者は、特許権、実用新案権、意匠権、商標権その他日本国の法令に基づき保護される第三者の権利（以下「特許権等」という。）の対象となっている履行方法を使用するときは、その使用に関する一切の責任を負わなければならない。ただし、発注者がその履行方法を指定した場合において、設計仕様書に特許権等の対象である旨の明示がなく、かつ、受注者がその存在を知らなかったときは、発注者は、受注者がその使用に関して要した費用を負担しなければならない。

―　条文（A）―

（意匠の実施の承諾等）

第14条　受注者は、自ら有する登録意匠（意匠法（昭和34年法律第125号）第2条第3項に定める登録意匠をいう。）を設計に用い、又は成果物によって表現される建築物若しくは本件建築物（以下「本件建築物等」という。）の形状等について意匠法第3条に基づく意匠登録を受けるときは、発注者に対し、本件建築物等に係る意匠の実施を承諾するものとする。

2 受注者は、本件建築物等の形状等に係る意匠登録を受ける権利及び意匠権を第三者に譲渡し、又は承継させてはならない。ただし、あらかじめ、発注者の承諾を得た場合は、この限りではない。

― 条文（B）―

（意匠の実施の承諾等）

第14条 受注者は、自ら有する登録意匠（意匠法（昭和34年法律第125号）第2条第3項に定める登録意匠をいう。）を設計に用いるときは、発注者に対し、成果物によって表現される建築物又は本件建築物（以下「本件建築物等」という。）に係る意匠の実施を承諾するものとする。

2 受注者は、本件建築物等の形状等に係る意匠法第3条に基づく意匠登録を受ける権利を発注者に譲渡するものとする。

　［注］ 条文（A）（B）は当該建築設計業務の内容に応じて、選択的に適用する。

（調査職員）

第15条 発注者は、調査職員を置いたときは、その氏名を受注者に通知しなければならない。調査職員を変更したときも、同様とする。

2 調査職員は、この契約書の他の条項に定めるもの及びこの契約書に基づく発注者の権限とされる事項のうち発注者が必要と認めて調査職員に委任したもののほか、設計仕様書に定めるところにより、次に掲げる権限を有する。

　一 発注者の意図する成果物を完成させるための受注者又は受注者の管理技術者に対する業務に関する指示

　二 この契約書及び設計仕様書の記載内容に関する受注者の確認の申出又は質問に対する承諾又は回答

　三 この契約の履行に関する受注者又は受注者の管理技術者との協議

　四 業務の進捗の確認、設計仕様書の記載内容と履行内容との照合その他この契約の履行状況の調査

3 発注者は、2名以上の調査職員を置き、前項の権限を分担させたときにあってはそれぞれの調査職員の有する権限の内容を、調査職員にこの契約書に基づく発注者の権限の一部を委任したときにあっては当該委任した権限の内容を、受注者に通知しなければならない。

4 第2項の規定に基づく調査職員の指示又は承諾は、原則として、書面により行わなければならない。

5 この契約書に定める書面の提出は、設計仕様書に定めるものを除き、調査職員を経由して行うものとする。この場合においては、調査職員に到達した日をもって発注者に到達したものとみなす。

（管理技術者）

第16条 受注者は、業務の技術上の管理を行う管理技術者を定め、その氏名その他必要な事項を発注者に通知しなければならない。管理技術者を変更したときも、同様とする。

2 管理技術者は、この契約の履行に関し、業務の管理及び統轄を行うほか、業務委託料の変更、履行期間の変更、業務委託料の請求及び受領、次条第1項の請求の受理、同条第2項の決定及び

通知、同条第3項の請求、同条第4項の通知の受理並びにこの契約の解除に係る権限を除き、この契約に基づく受注者の一切の権限を行使することができる。

3　受注者は、前項の規定にかかわらず、自己の有する権限のうちこれを管理技術者に委任せず自ら行使しようとするものがあるときは、あらかじめ、当該権限の内容を発注者に通知しなければならない。

（管理技術者等に対する措置請求）

第17条　発注者は、管理技術者又は受注者の使用人若しくは第12条第2項の規定により受注者から業務を委任され、若しくは請け負った者がその業務の実施につき著しく不適当と認められるときは、受注者に対して、その理由を明示した書面により、必要な措置をとるべきことを請求することができる。

2　受注者は、前項の規定による請求があったときは、当該請求に係る事項について決定し、その結果を請求を受けた日から10日以内に発注者に通知しなければならない。

3　受注者は、調査職員がその職務の執行につき著しく不適当と認められるときは、発注者に対して、その理由を明示した書面により、必要な措置をとるべきことを請求することができる。

4　発注者は、前項の規定による請求があったときは、当該請求に係る事項について決定し、その結果を請求を受けた日から10日以内に受注者に通知しなければならない。

（履行報告）

第18条　受注者は、設計仕様書に定めるところにより、この契約の履行について発注者に報告しなければならない。

（貸与品等）

第19条　発注者が受注者に貸与し、又は支給する図面その他業務に必要な物品等（以下「貸与品等」という。）の品名、数量等、引渡場所及び引渡時期は、設計仕様書に定めるところによる。

2　受注者は、貸与品等の引渡しを受けたときは、引渡しの日から7日以内に、発注者に受領書又は借用書を提出しなければならない。

3　受注者は、貸与品等を善良な管理者の注意をもって管理しなければならない。

4　受注者は、設計仕様書に定めるところにより、業務の完了、設計仕様書の変更等によって不用となった貸与品等を発注者に返還しなければならない。

5　受注者は、故意又は過失により貸与品等が滅失若しくはき損し、又はその返還が不可能となったときは、発注者の指定した期間内に代品を納め、若しくは原状に復して返還し、又は返還に代えて損害を賠償しなければならない。

（設計仕様書と業務内容が一致しない場合の修補義務）

第20条　受注者は、業務の内容が設計仕様書又は発注者の指示若しくは発注者と受注者との協議の内容に適合しない場合において、調査職員がその修補を請求したときは、当該請求に従わなければならない。この場合において、当該不適合が発注者の指示によるときその他発注者の責めに帰すべき事由によるときは、発注者は、必要があると認められるときは、履行期間若しくは業務委託料を変更し、又は受注者に損害を及ぼしたときは必要な費用を負担しなければならない。

（条件変更等）

第21条　受注者は、業務を行うに当たり、次の各号のいずれかに該当する事実を発見したときは、その旨を直ちに発注者に通知し、その確認を請求しなければならない。

　　一　図面、仕様書、現場説明書及びこれらの図書に係る質問回答書並びに現場説明に対する質問回答書が一致しないこと（これらの優先順位が定められている場合を除く。）。

　　二　設計仕様書に誤謬又は脱漏があること。

　　三　設計仕様書の表示が明確でないこと。

　　四　履行上の制約等設計仕様書に示された自然的又は人為的な履行条件が実際と相違すること。

　　五　設計仕様書に明示されていない履行条件について予期することのできない特別な状態が生じたこと。

2　発注者は、前項の規定による確認を請求されたとき又は自ら同項各号に掲げる事実を発見したときは、受注者の立会いの上、直ちに調査を行わなければならない。ただし、受注者が立会いに応じない場合には、受注者の立会いを得ずに行うことができる。

3　発注者は、受注者の意見を聴いて、調査の結果（これに対してとるべき措置を指示する必要があるときは、当該指示を含む。）をとりまとめ、調査の終了後14日以内に、その結果を受注者に通知しなければならない。ただし、その期間内に通知できないやむを得ない理由があるときは、あらかじめ、受注者の意見を聴いた上、当該期間を延長することができる。

4　前項の調査の結果により第1項各号に掲げる事実が確認された場合において、必要があると認められるときは、発注者は、設計仕様書の訂正又は変更を行わなければならない。

5　前項の規定により設計仕様書の訂正又は変更が行われた場合において、発注者は、必要があると認められるときは、履行期間若しくは業務委託料を変更し、又は受注者に損害を及ぼしたときは必要な費用を負担しなければならない。

（設計仕様書等の変更）

第22条　発注者は、前条第4項の規定によるほか、必要があると認めるときは、設計仕様書又は業務に関する指示（以下この条及び第24条において「設計仕様書等」という。）の変更内容を受注者に通知して、設計仕様書等を変更することができる。この場合において、発注者は、必要があると認められるときは履行期間若しくは業務委託料を変更し、又は受注者に損害を及ぼしたときは必要な費用を負担しなければならない。

（業務の中止）

第23条　発注者は、必要があると認めるときは、業務の中止内容を受注者に通知して、業務の全部又は一部を一時中止させることができる。

2　発注者は、前項の規定により業務を一時中止した場合において、必要があると認められるときは履行期間若しくは業務委託料を変更し、又は受注者が業務の続行に備え業務の一時中止に伴う増加費用を必要としたとき若しくは受注者に損害を及ぼしたときは必要な費用を負担しなければならない。

（業務に係る受注者の提案）

第24条　受注者は、設計仕様書等について、技術的又は経済的に優れた代替方法その他改良事項を発見し、又は発案したときは、発注者に対して、当該発見又は発案に基づき設計仕様書等

の変更を提案することができる。

2　発注者は、前項に規定する受注者の提案を受けた場合において、必要があると認めるときは、設計仕様書等の変更を受注者に通知するものとする。

3　発注者は、前項の規定により設計仕様書等が変更された場合において、必要があると認められるときは、履行期間又は業務委託料を変更しなければならない。

（適正な履行期間の設定）

第25条　発注者は、履行期間の延長又は短縮を行うときは、この業務に従事する者の労働時間その他の労働条件が適正に確保されるよう考慮しなければならない。

（受注者の請求による履行期間の延長）

第26条　受注者は、その責めに帰すことができない事由により履行期間内に業務を完了することができないときは、その理由を明示した書面により発注者に履行期間の延長変更を請求することができる。

2　発注者は、前項の規定による請求があった場合において、必要があると認められるときは、履行期間を延長しなければならない。発注者は、その履行期間の延長が発注者の責めに帰すべき事由による場合においては、業務委託料について必要と認められる変更を行い、又は受注者に損害を及ぼしたときは必要な費用を負担しなければならない。

（発注者の請求による履行期間の短縮）

第27条　発注者は、特別の理由により履行期間を短縮する必要があるときは、履行期間の短縮変更を受注者に請求することができる。

2　発注者は、前項の場合において、必要があると認められるときは、業務委託料を変更し、又は受注者に損害を及ぼしたときは必要な費用を負担しなければならない。

（履行期間の変更方法）

第28条　履行期間の変更については、発注者と受注者とが協議して定める。ただし、協議開始の日から○日以内に協議が整わない場合には、発注者が定め、受注者に通知する。

　［注］　○の部分には、原則として、「14」と記入する。

2　前項の協議開始の日については、発注者が受注者の意見を聴いて定め、受注者に通知するものとする。ただし、発注者が履行期間の変更事由が生じた日（第26条の場合にあっては発注者が履行期間の変更の請求を受けた日、前条の場合にあっては受注者が履行期間の変更の請求を受けた日）から7日以内に協議開始の日を通知しない場合には、受注者は、協議開始の日を定め、発注者に通知することができる。

（業務委託料の変更方法等）

第29条　業務委託料の変更については、発注者と受注者とが協議して定める。ただし、協議開始の日から○日以内に協議が整わない場合には、発注者が定め、受注者に通知する。

　［注］　○の部分には、原則として、「14」と記入する。

2　前項の協議開始の日については、発注者が受注者の意見を聴いて定め、受注者に通知するものとする。ただし、発注者が業務委託料の変更事由が生じた日から7日以内に協議開始の日を通知しない場合には、受注者は、協議開始の日を定め、発注者に通知することができる。

3　この契約書の規定により、受注者が増加費用を必要とした場合又は損害を受けた場合に発注

者が負担する必要な費用の額については、発注者と受注者とが協議して定める。

（一般的損害）

第30条 成果物の引渡し前に、成果物に生じた損害その他業務を行うにつき生じた損害（次条第1項又は第2項に規定する損害を除く。）については、受注者がその費用を負担する。ただし、その損害（設計仕様書に定めるところにより付された保険によりてん補された部分を除く。）のうち発注者の責めに帰すべき事由により生じたものについては、発注者が負担する。

（第三者に及ぼした損害）

第31条 業務を行うにつき第三者に及ぼした損害について、当該第三者に対して損害の賠償を行わなければならないときは、受注者がその賠償額を負担する。

2 前項の規定にかかわらず、同項に規定する賠償額（設計仕様書に定めるところにより付された保険によりてん補された部分を除く。）のうち、発注者の指示、貸与品等の性状その他発注者の責めに帰すべき事由により生じたものについては、発注者がその賠償額を負担する。ただし、受注者が、発注者の指示又は貸与品等が不適当であること等発注者の責めに帰すべき事由があることを知りながらこれを通知しなかったときは、この限りでない。

3 前2項の場合その他業務を行うにつき第三者との間に紛争を生じた場合においては、発注者及び受注者は協力してその処理解決に当たるものとする。

（業務委託料の変更に代える設計仕様書の変更）

第32条 発注者は、第13条、第20条から第24条まで、第26条、第27条、第30条、第35条又は第45条の規定により業務委託料を増額すべき場合又は費用を負担すべき場合において、特別の理由があるときは、業務委託料の増額又は負担額の全部又は一部に代えて設計仕様書を変更することができる。この場合において、設計仕様書の変更内容は、発注者と受注者とが協議して定める。ただし、協議開始の日から〇日以内に協議が整わない場合には、発注者が定め、受注者に通知する。

　　［注］　〇の部分には、原則として、「14」と記入する。

2 前項の協議開始の日については、発注者が受注者の意見を聴いて定め、受注者に通知しなければならない。ただし、発注者が同項の業務委託料を増額すべき事由又は費用を負担すべき事由が生じた日から7日以内に協議開始の日を通知しない場合には、受注者は、協議開始の日を定め、発注者に通知することができる。

（検査及び引渡し）

第33条 受注者は、業務を完了したときは、その旨を発注者に通知しなければならない。

2 発注者又は発注者が検査を行う者として定めた職員（以下「検査職員」という。）は、前項の規定による通知を受けたときは、通知を受けた日から10日以内に受注者の立会いの上、設計仕様書に定めるところにより、業務の完了を確認するための検査を完了し、当該検査の結果を受注者に通知しなければならない。

3 発注者は、前項の検査によって業務の完了を確認した後、受注者が成果物の引渡しを申し出たときは、直ちに当該成果物の引渡しを受けなければならない。

4 発注者は、受注者が前項の申出を行わないときは、当該成果物の引渡しを業務委託料の支払いの完了と同時に行うことを請求することができる。この場合においては、受注者は、当該請

求に直ちに応じなければならない。

5 受注者は、業務が第2項の検査に合格しないときは、直ちに修補して発注者の検査を受けなければならない。この場合においては、修補の完了を業務の完了とみなして前各項の規定を準用する。

（業務委託料の支払い）

第34条 受注者は、前条第2項の検査に合格したときは、業務委託料の支払いを請求することができる。

2 発注者は、前項の規定による請求があったときは、請求を受けた日から30日以内に業務委託料を支払わなければならない。

3 発注者がその責めに帰すべき事由により前条第2項の期間内に検査を完了しないときは、その期限を経過した日から検査を完了した日までの期間の日数は、前項の期間（以下この項において「約定期間」という。）の日数から差し引くものとする。この場合において、その遅延日数が約定期間の日数を超えるときは、約定期間は、遅延日数が約定期間の日数を超えた日において満了したものとみなす。

（引渡し前における成果物の使用）

第35条 発注者は、第33条第3項若しくは第4項又は第40条第1項若しくは第2項の規定による引渡し前においても、成果物の全部又は一部を受注者の承諾を得て使用することができる。

2 前項の場合においては、発注者は、その使用部分を善良な管理者の注意をもって使用しなければならない。

3 発注者は、第1項の規定により成果物の全部又は一部を使用したことによって受注者に損害を及ぼしたときは、必要な費用を負担しなければならない。

（前金払）

第36条 受注者は、保証事業会社と、契約書記載の業務完了の時期を保証期限とする公共工事の前払金保証事業に関する法律第2条第5項に規定する保証契約（以下「保証契約」という。）を締結し、その保証証書を発注者に寄託して、業務委託料の10分の3以内の前払金の支払いを発注者に請求することができる。

2 受注者は、前項の規定による保証証書の寄託に代えて、電磁的方法であって、当該保証契約の相手方たる保証事業会社が定め、発注者が認めた措置を講ずることができる。この場合において、受注者は、当該保証証書を寄託したものとみなす。

3 発注者は、第1項の規定による請求があったときは、請求を受けた日から14日以内に前払金を支払わなければならない。〔ただし、契約書記載の業務着手の時期の前日から16日以前に支払わないものとする。〕

　　［注］〔　〕内は、早期契約の場合に使用する。

4 受注者は、業務委託料が著しく増額された場合においては、その増額後の業務委託料の10分の3から受領済みの前払金額を差し引いた額に相当する額の範囲内で前払金の支払いを請求することができる。この場合においては、前項〔本文〕の規定を準用する。

　　［注］〔　〕内は、早期契約の場合に使用する。

5　受注者は、業務委託料が著しく減額された場合において、受領済みの前払金額が減額後の業務委託料の 10 分の 4 を超えるときは、受注者は、業務委託料が減額された日から 30 日以内に、その超過額を返還しなければならない。ただし、本項の期間内に第 39 条又は第 40 条の規定による支払いをしようとするときは、発注者は、その支払額の中からその超過額を控除することができる。

6　前項の期間内で前払金の超過額を返還する前にさらに業務委託料を増額した場合において、増額後の業務委託料が減額前の業務委託料以上の額であるときは、受注者は、その超過額を返還しないものとし、増額後の業務委託料が減額前の業務委託料未満の額であるときは、受注者は、受領済みの前払金の額からその増額後の業務委託料の 10 分の 4 の額を差し引いた額を返還しなければならない。

7　発注者は、受注者が第 5 項の期間内に超過額を返還しなかったときは、その未返還額につき、同項の期間を経過した日から返還をする日までの期間について、その日数に応じ、年 2.5 パーセントの割合で計算した額の遅延利息の支払いを請求することができる。

　　［注］　前払金を支払わない場合は、この条を削除する。

（保証契約の変更）

第 37 条　受注者は、前条第 4 項の規定により受領済みの前払金に追加してさらに前払金の支払いを請求する場合には、あらかじめ、保証契約を変更し、変更後の保証証書を発注者に寄託しなければならない。

2　受注者は、前項に定める場合のほか、業務委託料が減額された場合において、保証契約を変更したときは、変更後の保証証書を直ちに発注者に寄託しなければならない。

3　受注者は、第 1 項又は第 2 項の規定による保証証書の寄託に代えて、電磁的方法であって、当該保証契約の相手方たる保証事業会社が定め、発注者が認めた措置を講ずることができる。この場合において、受注者は、当該保証証書を寄託したものとみなす。

4　受注者は、前払金額の変更を伴わない履行期間の変更が行われた場合には、発注者に代わりその旨を保証事業会社に直ちに通知するものとする。

　　［注］　前払金を支払わない場合は、この条を削除する。

（前払金の使用等）

第 38 条　受注者は、前払金をこの業務の材料費、労務費、外注費、機械購入費（この業務において償却される割合に相当する額に限る。）、動力費、支払運賃及び保証料に相当する額として必要な経費以外の支払いに充当してはならない。

　　［注］　前払金を支払わない場合は、この条を削除する。

（部分払）

第 39 条　受注者は、業務の完了前に、受注者が既に業務を完了した部分（次条の規定により部分引渡しを受けている場合には、当該引渡し部分を除くものとし、以下「既履行部分」という。）に相応する業務委託料相当額の 10 分の 9 以内の額について、次項から第 7 項までに定めるところにより部分払を請求することができる。ただし、この請求は、履行期間中○回を超えることができない。

　　［注］　部分払を行わない場合には、この条を削除する。

2　受注者は、部分払を請求しようとするときは、あらかじめ、当該請求に係る既履行部分の確認を発注者に請求しなければならない。

3　発注者は、前項の場合において、当該請求を受けた日から10日以内に、受注者の立会いの上、設計仕様書に定めるところにより、同項の確認をするための検査を行い、当該確認の結果を受注者に通知しなければならない。

4　前項の場合において、検査に直接要する費用は、受注者の負担とする。

5　部分払金の額は、次の式により算定する。この場合において、第1項の業務委託料相当額は、発注者と受注者とが協議して定める。ただし、発注者が第3項の通知にあわせて第1項の業務委託料相当額の協議を申し出た日から〇日以内に協議が整わない場合には、発注者が定め、受注者に通知する。

部分払金の額 ≦ 第1項の業務委託料相当額 ×（9/10 − 前払金額 ／ 業務委託料）

［注］　〇の部分には、原則として、「10」と記入する。

6　受注者は、第3項の規定による確認があったときは、前項の規定により算定された額の部分払を請求することができる。この場合においては、発注者は、当該請求を受けた日から14日以内に部分払金を支払わなければならない。

7　前項の規定により部分払金の支払いがあった後、再度部分払の請求をする場合においては、第1項及び第5項中「業務委託料相当額」とあるのは「業務委託料相当額から既に部分払の対象となった業務委託料相当額を控除した額」とするものとする。

（部分引渡し）

第40条　成果物について、発注者が設計仕様書において業務の完了に先だって引渡しを受けるべきことを指定した部分（以下「指定部分」という。）がある場合において、当該指定部分の業務が完了したときについては、第33条中「業務」とあるのは「指定部分に係る業務」と、「成果物」とあるのは「指定部分に係る成果物」と、同条第4項及び第34条中「業務委託料」とあるのは「部分引渡しに係る業務委託料」と読み替えて、これらの規定を準用する。

2　前項に規定する場合のほか、成果物の一部分が完了し、かつ、可分なものであるときは、発注者は、当該部分について、受注者の承諾を得て引渡しを受けることができる。この場合において、第33条中「業務」とあるのは「引渡部分に係る業務」と、「成果物」とあるのは「引渡部分に係る成果物」と、同条第4項及び第34条中「業務委託料」とあるのは「部分引渡しに係る業務委託料」と読み替えて、これらの規定を準用する。

3　前2項の規定により準用される第34条第1項の規定により受注者が請求することができる部分引渡しに係る業務委託料は、次の各号に掲げる式により算定する。この場合において、第1号中「指定部分に相応する業務委託料」及び第2号中「引渡部分に相応する業務委託料」は、発注者と受注者とが協議して定める。ただし、発注者が、前2項において準用する第33条第2項の検査の結果の通知をした日から〇日以内に協議が整わない場合には、発注者が定め、受注者に通知する。

一　第1項に規定する部分引渡しに係る業務委託料
　　指定部分に相応する業務委託料 ×（1 − 前払金の額 ／ 業務委託料）

二　第2項に規定する部分引渡しに係る業務委託料

　　引渡部分に相応する業務委託料 ×（1 − 前払金の額 ／ 業務委託料）

　［注］　○の部分には、原則として「14」と記入する。

（国庫債務負担行為に係る契約の特則）

第41条　国庫債務負担行為（以下「国債」という。）に係る契約において、各会計年度における業務委託料の支払いの限度額（以下「支払限度額」という。）は、次のとおりとする。

年　度	円
年　度	円
年　度	円

　［注］　本条から第43条までは、この契約が国債に基づく場合に使用する。

2　支払限度額に対応する各会計年度の履行高予定額は、次のとおりである。

年　度	円
年　度	円
年　度	円

3　発注者は、予算上の都合その他の必要があるときは、第1項の支払限度額及び前項の履行高予定額を変更することができる。

（国債に係る契約の前金払の特則）

第42条　国債に係る契約の前金払については、第36条中「契約書記載の業務完了の時期」とあるのは「契約書記載の業務完了の時期（最終の会計年度以外の会計年度にあっては、各会計年度末）」と、同条及び第37条中「業務委託料」とあるのは「当該会計年度の履行高予定額（前会計年度末における第39条第1項の業務委託料相当額（以下この条及び次条において「前会計年度末業務委託料相当額」という。）が前会計年度までの履行高予定額を超えた場合において、当該会計年度の当初に部分払をしたときは、当該超過額を控除した額）」とする。ただし、この契約を締結した会計年度（以下「契約会計年度」という。）以外の会計年度においては、受注者は、予算の執行が可能となる時期以前に前払金の支払いを請求することはできない。

2　前項の場合において、契約会計年度について前払金を支払わない旨が設計仕様書に定められているときには、同項の規定による読替え後の第36条第1項の規定にかかわらず、受注者は、契約会計年度について前払金の支払いを請求することができない。

3　第1項の場合において、契約会計年度に翌会計年度分の前払金を含めて支払う旨が設計仕様書に定められているときには、同項の規定による読替え後の第36条第1項の規定にかかわらず、受注者は、契約会計年度に翌会計年度に支払うべき前払金相当分（　　　　　　円以内）を含めて前払金の支払いを請求することができる。

4　第1項の場合において、前会計年度末業務委託料相当額が前会計年度までの履行高予定額に達しないときには、同項の規定による読替え後の第36条第1項の規定にかかわらず、受注者は、業務委託料相当額が前会計年度までの履行高予定額に達するまで当該会計年度の前払金の支払いを請求することができない。

5　第1項の場合において、前会計年度末業務委託料相当額が前会計年度までの履行高予定額に達しないときには、その額が当該履行高予定額に達するまで前払金の保証期限を延長するもの

とする。この場合においては、第37条第4項の規定を準用する。

(国債に係る契約の部分払の特則)

第43条 国債に係る契約において、前会計年度末業務委託料相当額が前会計年度までの履行高予定額を超えた場合においては、受注者は、当該会計年度の当初に当該超過額（以下「履行高超過額」という。）について部分払を請求することができる。ただし、契約会計年度以外の会計年度においては、受注者は、予算の執行が可能となる時期以前に部分払の支払いを請求することはできない。

2　この契約において、前払金の支払いを受けている場合の部分払金の額については、第39条第5項及び第7項の規定にかかわらず、次の式により算定する。

部分払金の額 ≦ 業務委託料相当額 × 9 / 10 −（前会計年度までの支払金額 ＋ 当該会計年度の部分払金額）−｛業務委託料相当額 −（前会計年度までの履行高予定額 ＋ 履行高超過額）｝× 当該会計年度前払金額 / 当該会計年度の履行高予定額

3　各会計年度において、部分払を請求できる回数は、次のとおりとする。

年　度	回
年　度	回
年　度	回

(第三者による代理受領)

第44条 受注者は、発注者の承諾を得て業務委託料の全部又は一部の受領につき、第三者を代理人とすることができる。

2　発注者は、前項の規定により受注者が第三者を代理人とした場合において、受注者の提出する支払請求書に当該第三者が受注者の代理人である旨の明記がなされているときは、当該第三者に対して第34条（第40条において準用する場合を含む。）又は第39条の規定に基づく支払いをしなければならない。

(前払金等の不払に対する受注者の業務中止)

第45条 受注者は、発注者が第36条、第39条又は第40条において準用される第34条の規定に基づく支払いを遅延し、相当の期間を定めてその支払いを請求したにもかかわらず支払いをしないときは、業務の全部又は一部を一時中止することができる。この場合においては、受注者は、その理由を明示した書面により、直ちにその旨を発注者に通知しなければならない。

2　発注者は、前項の規定により受注者が業務を一時中止した場合において、必要があると認められるときは履行期間若しくは業務委託料を変更し、又は受注者が増加費用を必要とし、若しくは受注者に損害を及ぼしたときは必要な費用を負担しなければならない。

(契約不適合責任)

第46条 発注者は、引き渡された成果物が種類又は品質に関して契約の内容に適合しないもの（以下「契約不適合」という。）であるときは、受注者に対し、成果物の修補又は代替物の引渡しによる履行の追完を請求することができる。

2　前項の場合において、受注者は、発注者に不相当な負担を課するものでないときは、発注者が請求した方法と異なる方法による履行の追完をすることができる。

3　第1項の場合において、発注者が相当の期間を定めて履行の追完の催告をし、その期間内に

履行の追完がないときは、発注者は、その不適合の程度に応じて代金の減額を請求することができる。ただし、次の各号のいずれかに該当する場合は、催告をすることなく、直ちに代金の減額を請求することができる。

一　履行の追完が不能であるとき。

二　受注者が履行の追完を拒絶する意思を明確に表示したとき。

三　成果物の性質又は当事者の意思表示により、特定の日時又は一定の期間内に履行しなければ契約をした目的を達することができない場合において、受注者が履行の追完をしないでその時期を経過したとき。

四　前3号に掲げる場合のほか、発注者がこの項の規定による催告をしても履行の追完を受ける見込みがないことが明らかであるとき。

（発注者の任意解除権）

第47条　発注者は、業務が完了するまでの間は、次条又は第49条の規定によるほか、必要があるときは、この契約を解除することができる。

2　発注者は、前項の規定によりこの契約を解除したことにより受注者に損害を及ぼしたときは、その損害を賠償しなければならない。

（発注者の催告による解除権）

第48条　発注者は、受注者が次の各号のいずれかに該当するときは、相当の期間を定めてその履行の催告をし、その期間内に履行がないときはこの契約を解除することができる。ただし、その期間を経過した時における債務の不履行がこの契約及び取引上の社会通念に照らして軽微であるときは、この限りでない。

一　第5条第4項に規定する書類を提出せず、又は虚偽の記載をしてこれを提出したとき。

　［注］　第1号は第5条第3項を使用しない場合は削除する。

二　正当な理由なく、業務に着手すべき期日を過ぎても業務に着手しないとき。

三　履行期間内に完了しないとき又は履行期間経過後相当の期間内に業務を完了する見込みがないと認められるとき。

四　管理技術者を配置しなかったとき。

五　正当な理由なく、第46条第1項の履行の追完がなされないとき。

六　前各号に掲げる場合のほか、この契約に違反したとき。

（発注者の催告によらない解除権）

第49条　発注者は、受注者が次の各号のいずれかに該当するときは、直ちにこの契約を解除することができる。

一　第5条第1項の規定に違反して業務委託料債権を譲渡したとき。

二　第5条第4項の規定に違反して譲渡により得た資金を当該業務の履行以外に使用したとき。

　［注］　第2号は第5条第3項を使用しない場合は削除する。

三　この契約の成果物を完成させることができないことが明らかであるとき。

四　受注者がこの契約の成果物の完成の債務の履行を拒絶する意思を明確に表示したとき。

五　受注者の債務の一部の履行が不能である場合又は受注者がその債務の一部の履行を拒絶する意思を明確に表示した場合において、残存する部分のみでは契約をした目的を達することができないとき。

六　契約の成果物の性質や当事者の意思表示により、特定の日時又は一定の期間内に履行しなければ契約をした目的を達することができない場合において、受注者が履行をしないでその時期を経過したとき。

七　前各号に掲げる場合のほか、受注者がその債務の履行をせず、発注者が前条の催告をしても契約をした目的を達するのに足りる履行がされる見込みがないことが明らかであるとき。

八　暴力団（暴力団員による不当な行為の防止等に関する法律（平成3年法律第77号）第2条第2号に規定する暴力団をいう。以下この条において同じ。）又は暴力団員（暴力団員による不当な行為の防止等に関する法律第2条第6号に規定する暴力団員をいう。以下この条において同じ。）が経営に実質的に関与していると認められる者に業務委託料債権を譲渡したとき。

九　第51条又は第52条の規定によらないでこの契約の解除を申し出たとき。

十　受注者（受注者が設計共同体であるときは、その構成員のいずれかの者。以下この号において同じ。）が次のいずれかに該当するとき。

　　イ　役員等（受注者が個人である場合にはその者その他経営に実質的に関与している者を、受注者が法人である場合にはその役員、その支店又は常時建築設計業務の契約を締結する事務所の代表者その他経営に実質的に関与している者をいう。以下この号において同じ。）が、暴力団又は暴力団員であると認められるとき。

　　ロ　役員等が、自己、自社若しくは第三者の不正の利益を図る目的又は第三者に損害を加える目的をもって、暴力団又は暴力団員を利用するなどしていると認められるとき。

　　ハ　役員等が、暴力団又は暴力団員に対して資金等を供給し、又は便宜を供与するなど直接的あるいは積極的に暴力団の維持、運営に協力し、若しくは関与していると認められるとき。

　　ニ　役員等が、暴力団又は暴力団員であることを知りながらこれを不当に利用するなどしていると認められるとき。

　　ホ　役員等が、暴力団又は暴力団員と社会的に非難されるべき関係を有していると認められるとき。

　　ヘ　再委託契約その他の契約に当たり、その相手方がイからホまでのいずれかに該当することを知りながら、当該者と契約を締結したと認められるとき。

　　ト　受注者が、イからホまでのいずれかに該当する者を再委託契約その他の契約の相手方としていた場合（ヘに該当する場合を除く。）に、発注者が受注者に対して当該契約の解除を求め、受注者がこれに従わなかったとき。

（発注者の責めに帰すべき事由による場合の解除の制限）

第50条　第48条各号又は前条各号に定める場合が発注者の責めに帰すべき事由によるものであるときは、発注者は、前2条の規定による契約の解除をすることができない。

（受注者の催告による解除権）

第51条　受注者は、発注者がこの契約に違反したときは、相当の期間を定めてその履行の催告をし、その期間内に履行がないときは、この契約を解除することができる。ただし、その期間を経過した時における債務の不履行がこの契約及び取引上の社会通念に照らして軽微であるときは、この限りでない。

（受注者の催告によらない解除権）

第52条 受注者は、次の各号のいずれかに該当するときは、直ちにこの契約を解除することができる。

一 第22条の規定により設計仕様書を変更したため業務委託料が3分の2以上減少したとき。

二 第23条の規定による業務の中止期間が履行期間の10分の5（履行期間の10分の5が6月を超えるときは、6月）を超えたとき。ただし、中止が業務の一部のみの場合は、その一部を除いた他の部分の業務が完了した後3月を経過しても、なおその中止が解除されないとき。

（受注者の責めに帰すべき事由による場合の解除の制限）

第53条 第51条又は前条各号に定める場合が受注者の責めに帰すべき事由によるものであるときは、受注者は、前2条の規定による契約の解除をすることができない。

（解除の効果）

第54条 この契約が解除された場合には、第1条第2項に規定する発注者及び受注者の義務は消滅する。ただし、第40条に規定する部分引渡しに係る部分については、この限りでない。

2 発注者は、前項の規定にかかわらず、この契約が業務の完了前に解除された場合において、既履行部分の引渡しを受ける必要があると認めたときは、既履行部分を検査の上、当該検査に合格した部分の引渡しを受けることができる。この場合において、発注者は、当該引渡しを受けた既履行部分に相応する業務委託料（以下「既履行部分委託料」という。）を受注者に支払わなければならない。

3 前項に規定する既履行部分委託料は、発注者と受注者とが協議して定める。ただし、協議開始の日から○日以内に協議が整わない場合には、発注者が定め、受注者に通知する。

　［注］ ○の部分には、原則として、「14」と記入する。

（解除に伴う措置）

第55条 この契約が業務の完了前に解除された場合において、第36条（第42条において準用する場合を含む。）の規定による前払金があったときは、受注者は、第48条、第49条又は次条第3項の規定による解除にあっては、当該前払金の額（第40条第1項又は第2項の規定により部分引渡しをしているときは、その部分引渡しにおいて償却した前払金の額を控除した額）に当該前払金の支払いの日から返還の日までの日数に応じ年2.5パーセントの割合で計算した額の利息を付した額を、第47条、第51条又は第52条の規定による解除にあっては、当該前払金の額を発注者に返還しなければならない。

2 前項の規定にかかわらず、この契約が業務の完了前に解除され、かつ、前条第2項の規定により既履行部分の引渡しが行われる場合において、第36条（第42条において準用する場合を含む。）の規定による前払金があったときは、発注者は、当該前払金の額（第40条第1項又は第2項の規定による部分引渡しがあった場合は、その部分引渡しにおいて償却した前払金の額を控除した額）を前条第3項の規定により定められた既履行部分委託料から控除するものとする。この場合において、受領済みの前払金になお余剰があるときは、受注者は、第48条、第49条又は次条第3項の規定による解除にあっては、当該余剰額に前払金の支払いの日から返還の日までの日数に応じ年2.5パーセントの割合で計算した額の利息を付した額を、第47条、第51条又は第52条の規定による解除にあっては、当該余剰額を発注者に返還しなければならない。

3 受注者は、この契約が業務の完了前に解除された場合において、貸与品等があるときは、当該貸与品等を発注者に返還しなければならない。この場合において、当該貸与品等が受注者の故意又は過失により滅失又はき損したときは、代品を納め、若しくは原状に復して返還し、又は返還に代えてその損害を賠償しなければならない。

4 前項前段に規定する受注者のとるべき措置の期限、方法等については、この契約の解除が第48条、第49条又は次条第3項によるときは発注者が定め、第47条、第51条又は第52条の規定によるときは受注者が発注者の意見を聴いて定めるものとし、前項後段に規定する受注者のとるべき措置の期限、方法等については、発注者が受注者の意見を聴いて定めるものとする。

5 業務の完了後にこの契約が解除された場合は、解除に伴い生じる事項の処理については発注者及び受注者が民法の規定に従って協議して決める。

（発注者の損害賠償請求等）

第56条 発注者は、受注者が次の各号のいずれかに該当するときは、これによって生じた損害の賠償を請求することができる。

一 履行期間内に業務を完了することができないとき。

二 この契約の成果物に契約不適合があるとき。

三 第48条又は第49条の規定により成果物の引渡し後にこの契約が解除されたとき。

四 前3号に掲げる場合のほか、債務の本旨に従った履行をしないとき又は債務の履行が不能であるとき。

2 次の各号のいずれかに該当するときは、前項の損害賠償に代えて、受注者は、業務委託料の10分の1に相当する額を違約金として発注者の指定する期間内に支払わなければならない。

一 第48条又は第49条の規定により成果物の引渡し前にこの契約が解除されたとき。

二 成果物の引渡し前に、受注者がその債務の履行を拒否し、又は受注者の責めに帰すべき事由によって受注者の債務について履行不能となったとき。

3 次の各号に掲げる者がこの契約を解除した場合は、前項第2号に該当する場合とみなす。

一 受注者について破産手続開始の決定があった場合において、破産法（平成16年法律第75号）の規定により選任された破産管財人

二 受注者について更生手続開始の決定があった場合において、会社更生法（平成14年法律第154号）の規定により選任された管財人

三 受注者について再生手続開始の決定があった場合において、民事再生法（平成11年法律第225号）の規定により選任された再生債務者等

4 第1項各号又は第2項各号に定める場合（前項の規定により第2項第2号に該当する場合とみなされる場合を除く。）がこの契約及び取引上の社会通念に照らして受注者の責めに帰することができない事由によるものであるときは、第1項及び第2項の規定は適用しない。

5 第1項第1号に該当し、発注者が損害の賠償を請求する場合の請求額は、業務委託料から部分引渡しを受けた部分に相応する業務委託料を控除した額につき、遅延日数に応じ、年3パーセントの割合で計算した額とする。

6 第2項の場合（第49条第8号及び第10号の規定により、この契約が解除された場合を除く。）において、第4条の規定により契約保証金の納付又はこれに代わる担保の提供が行われ

ているときは、発注者は、当該契約保証金又は担保をもって同項の違約金に充当することができる。

（談合等不正行為があった場合の違約金等）

第56条の2 受注者（設計共同体にあっては、その構成員）が、次に掲げる場合のいずれかに該当したときは、受注者は、発注者の請求に基づき、業務委託料（この契約締結後、業務委託料の変更があった場合には、変更後の業務委託料）の10分の1に相当する額を違約金として発注者の指定する期間内に支払わなければならない。

一　この契約に関し、受注者が私的独占の禁止及び公正取引の確保に関する法律（昭和22年法律第54号。以下「独占禁止法」という。）第3条の規定に違反し、又は受注者が構成事業者である事業者団体が独占禁止法第8条第1号の規定に違反したことにより、公正取引委員会が受注者に対し、独占禁止法第7条の2第1項（独占禁止法第8条の3において準用する場合を含む。）の規定に基づく課徴金の納付命令（以下「納付命令」という。）を行い、当該納付命令が確定したとき（確定した当該納付命令が独占禁止法第63条第2項の規定により取り消された場合を含む。）。

二　納付命令又は独占禁止法第7条若しくは第8条の2の規定に基づく排除措置命令（これらの命令が受注者又は受注者が構成事業者である事業者団体（以下「受注者等」という。）に対して行われたときは、受注者等に対する命令で確定したものをいい、受注者等に対して行われていないときは、各名宛人に対する命令すべてが確定した場合における当該命令をいう。次号において「納付命令又は排除措置命令」という。）において、この契約に関し、独占禁止法第3条又は第8条第1号の規定に違反する行為の実行としての事業活動があったとされたとき。

三　納付命令又は排除措置命令により、受注者等に独占禁止法第3条又は第8条第1号の規定に違反する行為があったとされた期間及び当該違反する行為の対象となった取引分野が示された場合において、この契約が、当該期間（これらの命令に係る事件について、公正取引委員会が受注者に対し納付命令を行い、これが確定したときは、当該納付命令における課徴金の計算の基礎である当該違反する行為の実行期間を除く。）に入札（見積書の提出を含む。）が行われたものであり、かつ、当該取引分野に該当するものであるとき。

四　この契約に関し、受注者（法人にあっては、その役員又は使用人を含む。）の刑法（明治40年法律第45号）第96条の6又は独占禁止法第89条第1項若しくは第95条第1項第1号に規定する刑が確定したとき。

2　受注者が前項の違約金を発注者の指定する期間内に支払わないときは、受注者は、当該期間を経過した日から支払いをする日までの日数に応じ、年3パーセントの割合で計算した額の遅延利息を発注者に支払わなければならない。

（受注者の損害賠償請求等）

第57条 受注者は、発注者が次の各号のいずれかに該当する場合はこれによって生じた損害の賠償を請求することができる。ただし、当該各号に定める場合がこの契約及び取引上の社会通念に照らして発注者の責めに帰することができない事由によるものであるときは、この限りでない。

一　第51条又は第52条の規定によりこの契約が解除されたとき。

二　前号に掲げる場合のほか、債務の本旨に従った履行をしないとき又は債務の履行が不能であるとき。

2　第34条第2項（第40条において準用する場合を含む。）の規定による業務委託料の支払いが遅れた場合においては、受注者は、未受領金額につき、遅延日数に応じ、年2.5パーセントの割合で計算した額の遅延利息の支払いを発注者に請求することができる。

（契約不適合責任期間等）

第58条　発注者は、引き渡された成果物に関し、第33条第3項又は第4項の規定による引渡しを受けた場合はその引渡しの日から本件建築物の工事完成後2年、第40条第1項又は第2項の規定による部分引渡しを受けた場合はその引渡しの日から当該部分を利用した工事の完成後2年以内でなければ、契約不適合を理由とした履行の追完の請求、損害賠償の請求、代金の減額の請求又は契約の解除（以下この条において「請求等」という。）をすることができない。ただし、これらの場合であっても、成果物の引渡しの日から10年以内でなければ、請求等をすることができない。

2　前項の請求等は、具体的な契約不適合の内容、請求する損害額の算定の根拠等当該請求等の根拠を示して、受注者の契約不適合責任を問う意思を明確に告げることで行う。

3　発注者が第1項に規定する契約不適合に係る請求等が可能な期間（以下この項及び第6項において「契約不適合責任期間」という。）の内に契約不適合を知り、その旨を受注者に通知した場合において、発注者が通知から1年が経過する日までに前項に規定する方法による請求等をしたときは、契約不適合責任期間の内に請求等をしたものとみなす。

4　発注者は、第1項の請求等を行ったときは、当該請求等の根拠となる契約不適合に関し、民法の消滅時効の範囲で、当該請求等以外に必要と認められる請求等をすることができる。

5　前各項の規定は、契約不適合が受注者の故意又は重過失により生じたものであるときには適用せず、契約不適合に関する受注者の責任については、民法の定めるところによる。

6　民法第637条第1項の規定は、契約不適合責任期間については適用しない。

7　発注者は、成果物の引渡しの際に契約不適合があることを知ったときは、第1項の規定にかかわらず、その旨を直ちに受注者に通知しなければ、当該契約不適合に関する請求等をすることはできない。ただし、受注者がその契約不適合があることを知っていたときは、この限りでない。

8　引き渡された成果物の契約不適合が設計仕様書の記載内容、発注者の指示又は貸与品等の性状により生じたものであるときは、発注者は当該契約不適合を理由として、請求等をすることができない。ただし、受注者がその記載内容、指示又は貸与品等が不適当であることを知りながらこれを通知しなかったときは、この限りでない。

（保　険）

第59条　受注者は、設計仕様書に基づき保険を付したとき又は任意に保険を付しているときは、当該保険に係る証券又はこれに代わるものを直ちに発注者に提示しなければならない。

（賠償金等の徴収）

第60条　受注者がこの契約に基づく賠償金、損害金又は違約金を発注者の指定する期間内に支

払わないときは、発注者は、その支払わない額に発注者の指定する期間を経過した日から業務委託料支払いの日まで年3パーセントの割合で計算した利息を付した額と、発注者の支払うべき業務委託料とを相殺し、なお不足があるときは追徴する。

2　前項の追徴をする場合には、発注者は、受注者から遅延日数につき年3パーセントの割合で計算した額の延滞金を徴収する。

（紛争の解決）

第61条　この契約書の各条項において発注者と受注者とが協議して定めるものにつき協議が整わなかったときに発注者が定めたものに受注者が不服がある場合その他この契約に関して発注者と受注者との間に紛争を生じた場合には、発注者及び受注者は、契約書記載の調停人のあっせん又は調停によりその解決を図る。この場合において、紛争の処理に要する費用については、発注者と受注者とが協議して特別の定めをしたものを除き、発注者と受注者とがそれぞれ負担する。

2　前項の規定にかかわらず、管理技術者の業務の実施に関する紛争、受注者の使用人又は受注者から業務を委任され、又は請け負った者の業務の実施に関する紛争及び調査職員の職務の執行に関する紛争については、第17条第2項の規定により受注者が決定を行った後若しくは同条第4項の規定により発注者が決定を行った後又は発注者若しくは受注者が決定を行わずに同条第2項若しくは第4項の期間が経過した後でなければ、発注者及び受注者は、第1項のあっせん又は調停の手続を請求することができない。

3　第1項の規定にかかわらず、発注者又は受注者は、必要があると認めるときは、同項に規定する手続前又は手続中であっても同項の発注者と受注者との間の紛争について民事訴訟法（明治23年法律第29号）に基づく訴えの提起又は民事調停法（昭和26年法律第222号）に基づく調停の申立てを行うことができる。

　［注］　本条は、あらかじめ調停人を選任する場合に規定する条文である。

4　発注者又は受注者は、申し出により、この契約書の各条項の規定により行う発注者と受注者との間の協議に第1項の調停人を立ち会わせ、当該協議が円滑に整うよう必要な助言又は意見を求めることができる。この場合における必要な費用の負担については、同項後段の規定を準用する。

　［注］　第4項は、調停人を協議に参加させない場合には、削除する。

（情報通信の技術を利用する方法）

第62条　この契約書において書面により行わなければならないこととされている指示等は、法令に違反しない限りにおいて、電磁的方法を用いて行うことができる。ただし、当該方法は書面の交付に準ずるものでなければならない。

（契約外の事項）

第63条　この契約書に定めのない事項については、必要に応じて発注者と受注者とが協議して定める。

（別紙）

建築士法第22条の3の3に定める記載事項

対象となる建築物の概要	
業務の種類、内容及び方法	

作成する設計図書の種類	

設計に従事することとなる建築士・建築設備士
【氏名】： 【資格】：（　　　　　）建築士　　　　　　【登録番号】：
【氏名】： 【資格】：（　　　　　）建築士　　　　　　【登録番号】：
（建築設備の設計に関し意見を聴く者） 【氏名】： 【資格】：（　　　　　）設備士　　　　　　【登録番号】： 　　　　　（　　　　　）建築士

※従事することとなる建築士が構造設計及び設備設計一級建築士である場合にはその旨記載する。

建築士事務所の名称	
建築士事務所の所在地	
区分（一級、二級、木造）	（　　　　　）建築士事務所
開設者氏名	 （法人の場合は開設者の名称及び代表者氏名）

建築設計業務委託契約書の運用基準について

建設省厚契発第 38 号

平成 10 年 10 月 1 日

最終改正　国 地 契 第 14 号

国 地 予 第 17 号

令和 2 年 6 月 5 日

各地方整備局長等　　あて

国土交通省大臣官房長

建築設計業務委託契約書の運用基準について

　平成 10 年 10 月 1 日以降に締結する建築設計業務委託契約に係る建築設計業務委託契約書については、「建築設計業務委託契約書の制定について」（平成 10 年 10 月 1 日付け建設省厚契発第 37 号）をもって通知されたところであるが、その運用基準を左記のとおり定めたので、取扱いに遺憾なきを期せられたい。

記

対象業務関係

　建築設計業務委託契約書は、設計業務を対象とする。なお、本契約書は、基本設計から実施設計までを一貫とした業務として、同一の相手方と委託契約する場合を念頭に構成されたものである。

第 2 条関係

　第 1 項において、本契約書に定める指示、催告、請求、通知、報告、申出、承諾、質問、回答及び解除といった行為については、その明確化を図るため、書面で必ず行うこととされたので、その趣旨を十分配慮し遺憾のないよう措置すること。

第 3 条関係

(1)　第 1 項の「〇日」については、履行期間、業務の態様等により 14 日とすることが妥当でない場合は、当該事情を斟酌の上、必要な範囲内で伸張又は短縮した日数を記載できるものであること。

(2)　第 2 項の「〇日」については、履行期間、業務の態様等により 7 日とすることが妥当でない場合は、当該事情を斟酌の上、必要な範囲内で伸張又は短縮した日数を記載できるものであること。

第4条関係

[注] において、「契約の保証を免除する場合」とは、次の各号のいずれかに該当する場合をいう。

一 予算決算及び会計令（昭和22年勅令第165号）第100条の2第1項第1号の規定により契約書の作成を省略できる建築設計業務委託契約である場合

二 一般的な業務であって、業務の内容及び性格等から契約の保証の必要がないと認められる場合

第7条関係

[注] における条文(A)(B)の選択に当たっては、原則として、条文(A)を選択することとし、次の各号のいずれかに該当する場合に条文(B)を選択すること。

一 象徴性、記念性等が極めて高く、他の類似の建築がなされることを確実に回避する必要がある場合

二 同一又は類似の設計に基づく建築を繰り返し行う場合

条文（A）第8条関係

第1項第二号の「前号の目的」については、設計業務を分割して委託し、業務の継続が困難となった場合等において、成果物を利用して建築物を完成するため、受注者より引渡しを受けた成果物を発注者又は発注者の委託する第三者が利用できるものであること。

第12条関係

第3項の「その他必要な事項」とは、業務の一部を委任し、又は請け負わせた者の住所、委任し又は請け負わせた業務の内容、当該業務の担当責任者の名称等を含むものであること。

第14条関係

[注] における条文(A)(B)の選択に当たっては、原則として、条文(A)を選択することとし、次の各号のいずれかに該当する場合に条文(B)を選択すること。

一 象徴性、記念性等が極めて高く、他の類似の建築がなされることを確実に回避する必要がある場合

二 同一又は類似の設計に基づく建築を繰り返し行う場合

第15条関係

第4項は第2条第1項の特則を規定したものでなく、契約書でなく設計仕様書において権限が創設される調査職員の指示又は承諾について、原則、書面によることを定めたものである。

第18条関係

契約の履行についての報告とは、過去の履行状況についての報告のみでなく、業務計画書等の履行計画についての報告も含むものであること。

第23条関係

第2項の「増加費用」とは、中止期間中、業務の続行に備えるため労働者、機械器具等を保持するために必要とされる費用、中止に伴い不要となった労働者、機械器具等の配置転換に要する費用、業務を再開するため労働者、機械器具等を作業現場に搬入する費用等をいう。

第28条関係

(1) 第1項の「履行期間の変更」とは、第20条、第21条第5項、第22条、第23条第2項、第24条第3項、第26条第1項、第27条第1項及び第45条第2項の規定に基づくものをいう。

(2) 第1項の「○日」については、履行期間、業務の態様等により14日とすることが妥当でない場合は、当該事情を斟酌の上、十分な協議が行える範囲で伸張又は短縮した日数を記載できるものであること。

(3) 第2項にいう「履行期間の変更事由が生じた日」とは、第20条においては、調査職員が修補の請求を行った日、第21条第5項においては、設計図書の訂正又は変更が行われた日、第22条においては、設計仕様書等の変更が行われた日、第23条第2項においては、契約担当官等が業務の一時中止を通知した日、第24条第3項においては、設計仕様書等の変更が行われた日、第45条第2項においては、受注者が業務の一時中止を通知した日とする。

第29条関係

(1) 第1項の「業務委託料の変更」とは、第20条、第21条第5項、第22条、第23条第2項、第24条第3項、第26条第2項、第27条第2項及び第45条第2項の規定に基づくものをいう。

(2) 第1項の「○日」については、履行期間、業務の態様等により14日とすることが妥当でない場合は、当該事情を斟酌の上、十分な協議が行える範囲で伸張又は短縮した日数を記載できるものであること。

(3) 第2項にいう「業務委託料の変更事由が生じた日」とは、第20条においては、調査職員が修補の請求を行った日、第21条第5項においては、設計仕様書の訂正又は変更が行われた日、第22条においては、設計仕様書等の変更が行われた日、第23条第2項においては、契約担当官等が業務の一時中止を通知した日、第24条第3項においては、設計仕様書等の変更が行われた日、第26条第2項においては、受注者が同条第1項の請求を行った日、第27条第2項においては、契約担当官等が同条第1項の請求を行った日、第45条第2項においては、受注者が業務の一時中止を通知した日とする。

(4) 第3項の「受注者が増加費用を必要とした場合又は損害を受けた場合」とは、第20条、第23条第2項、第26条第2項、第27条第2項及び第45条第2項の規定に基づくものをいう。

第32条関係

　第1項の「○日」については、履行期間、業務の態様等により14日とすることが妥当でない場合は、当該事情を斟酌の上、十分な協議が行える範囲で伸張又は短縮した日数を記載できるものであること。

第37条関係

　第1項において、前払金超過額を返還する場合における前払金の保証契約の変更は、その超過額を返還した後に行うものとし、その変更後の保証金額は、減額後の前払金額を下らないこと。

第39条関係

　第5項の「○日」については、履行期間、業務の態様等により10日とすることが妥当でない場合は、当該事情を斟酌の上、14日未満であり、かつ、必要な範囲で伸張し又は短縮した日数を記載できるものであること。

第40条関係

　第2項の「○日」については、履行期間、業務の態様等により14日とすることが妥当でない場合は、当該事情を斟酌の上、十分な協議が行える範囲で伸張又は短縮した日数を記載できるものであること。

第41条関係

　契約担当官等は、調達手続において落札決定前に契約書の案を競争参加者又は見積書を徴する相手方に提示するときは、次に掲げる事項を了知させること。
⑴　各会計年度における業務委託料の支払いの限度額（○年度○％と割合で明示すること。）
⑵　各会計年度における業務委託料の支払いの限度額及び履行高予定額は、受注者決定後契約書を作成するまでに落札者に通知すること。

第56条関係

⑴　検査期間は、遅延日数に算入しないこと。
⑵　履行期間内に業務が完了し、検査の結果不合格の場合には、完了した日から契約書記載の業務完了の日までの日数は、修補日数から差し引いて遅延日数を算定すること。

第61条関係

　本条を採用する場合には、鑑定等の費用、調停人に対する謝礼等紛争の処理に要する費用の負担については、あらかじめ定めておくこと。

Ⅱ　建築工事監理業務委託共通仕様書

建築工事監理業務委託共通仕様書

（令和 6 年改定）

この共通仕様書は、国土交通省大臣官房官庁営繕部及び地方整備局等営繕部が官庁施設の営繕を実施するための基準として制定したものです。

国 営 技 第 6 号

平成 13 年 2 月 15 日

最終改定 国 営 整 第 214 号

令和 6 年 3 月 26 日

建築工事監理業務委託共通仕様書

第1章 総 則

1．1 適 用

1．本共通仕様書（以下「共通仕様書」という。）は、建築工事監理業務（建築工事、電気設備工事又は機械設備工事の工事監理をいうものとし、以下「工事監理業務」という。）の委託に適用する。

2．工事監理仕様書は、相互に補完するものとする。ただし、工事監理仕様書の間に相違がある場合、工事監理仕様書の優先順位は、次の(1)から(4)の順序のとおりとする。

(1) 質問回答書

(2) 現場説明書

(3) 特記仕様書

(4) 共通仕様書

3．受注者は、前項の規定により難い場合又は工事監理仕様書に明示のない場合若しくは疑義を生じた場合には、調査職員と協議するものとする。

1．2 用語の定義

共通仕様書に使用する用語の定義は、次の各項に定めるところによる。

1．「調査職員」とは、契約図書に定められた範囲内において受注者又は管理技術者に対する指示、承諾又は協議の職務等を行う者で、契約書第8条の規定に基づき、発注者が定める者であり、総括調査員、主任調査員、調査員を総称していう。

2．「検査職員」とは、工事監理業務の完了の確認及び部分払の請求に係る出来形部分の確認を行う者で、契約書第26条の規定に基づき、発注者が定めた者をいう。

3．「管理技術者」とは、契約の履行に関し、業務の管理及び統轄等を行う者で、契約書第9条の規定に基づき、受注者が定めた者をいう。

4．「対象工事」とは、当該工事監理業務の対象となる工事をいう。

5．「監督職員」とは、対象工事の工事請負契約の適正な履行を確保するための必要な監督を行う者であり、総括監督員、主任監督員、監督員を総称していう。

6．「工事の受注者等」とは、対象工事の施工に関し発注者と工事請負契約を締結した者又は工事請負契約書の規定により定められた現場代理人をいう。

7．「契約図書」とは、契約書及び工事監理仕様書をいう。

8. 「契約書」とは、「建築工事監理業務委託契約書の制定について」（平成13年2月15日付け国官地第3-2号）別冊工事監理業務委託契約書をいう。

9. 「工事監理仕様書」とは、質問回答書、現場説明書及び仕様書をいう。

10. 「質問回答書」とは、仕様書、現場説明書及び現場説明に関する入札等参加者からの質問書に対して、発注者が回答する書面をいう。

11. 「現場説明書」とは、工事監理業務の入札等に参加する者に対して、発注者が当該工事監理業務の契約条件を説明するための書面をいう。

12. 「仕様書」とは、契約書第1条第1項に定める別冊の仕様書をいい、特記仕様書（特記仕様書において定める資料及び基準等を含む。）及び共通仕様書を総称していう。

13. 「特記仕様書」とは、工事監理業務の実施に関する明細又は特別な事項を定める図書をいう。

14. 「共通仕様書」とは、工事監理業務に共通する事項を定める図書をいう。

15. 「設計図書」とは、対象工事の工事請負契約書の規定により定められた設計図書、発注者から変更又は追加された図面及び図面のもとになる計算書等をいう。

16. 「業務報告書」とは、契約書第11条に定める履行の報告に係る報告書をいう。

17. 「指示」とは、調査職員又は検査職員が受注者に対し、工事監理業務の遂行上必要な事項について書面をもって示し、実施させることをいう。

18. 「請求」とは、発注者又は受注者が相手方に対し、契約内容の履行若しくは変更に関して書面をもって行為若しくは同意を求めることをいう。

19. 「通知」とは、工事監理業務に関する事項について、書面をもって知らせることをいう。

20. 「報告」とは、受注者が発注者又は調査職員若しくは検査職員に対し、工事監理業務の遂行に当たって調査及び検討した事項について通知することをいう。

21. 「承諾」とは、受注者が発注者又は調査職員に対し、書面で申し出た工事監理業務の遂行上必要な事項について、発注者又は調査職員が書面により同意することをいう。

22. 「協議」とは、書面により業務を遂行する上で必要な事項について、発注者と受注者が対等の立場で合議することをいう。

23. 「提出」とは、受注者が発注者又は調査職員に対し、工事監理業務に係る書面又はその他の資料を説明し、差し出すことをいう。

24. 「書面」とは、発行年月日及び氏名が記載された文書をいう。

25. 「検査」とは、検査職員が契約図書に基づき、工事監理業務の完了の確認及び部分払の請求に係る出来形部分の確認をすることをいう。

26. 「打合せ」とは、工事監理業務を適正かつ円滑に実施するために管理技術者等が調査職員と面談等により、業務の方針、条件等の疑義を正すこと及び工事の受注者等と業務実施上必要な面談等を行うことをいう。

27. 「協力者」とは、受注者が工事監理業務の遂行に当たって、その業務の一部を再委託する者をいう。

第2章　工事監理業務の内容

工事監理業務は、一般業務及び追加業務とし、それらの業務内容は次による。

2.1　一般業務の内容

一般業務の内容は、令和6年国土交通省告示第8号（以下「告示」という。）別添一第2項に掲げるもののうち、会計法に基づく監督業務の一部として発注者が行うものを除いた次の1及び2に掲げる業務とし、受注者は調査職員の指示に従い、業務計画書に記載した業務方針に基づいて行うものとする。

1．工事監理に関する業務
(1)　工事監理方針の説明等
　(i)　工事監理方針の説明

　　当該業務の着手に先立って、工事監理体制その他工事監理方針について記載された業務計画書を作成し、調査職員に提出し、承諾を受ける。

　(ii)　工事監理方法変更の場合の協議

　　当該業務の方法に変更の必要が生じた場合、調査職員と協議する。

(2)　設計図書の内容の把握等
　(i)　設計図書の内容の把握

　　設計図書の内容を把握し、設計図書に明らかな矛盾、誤謬、脱漏、不適切な納まり等を発見した場合には、その内容をとりまとめ、調査職員に報告する。

　(ii)　質疑書の検討

　　工事の受注者等から対象工事に関する質疑書が提出された場合、設計図書に定められた品質（形状、寸法、仕上がり、機能、性能等を含む。以下同じ。）確保の観点から技術的に検討し、その結果を調査職員に報告する。

(3)　設計図書に照らした施工図等の検討及び報告
　(i)　施工図等の検討及び報告

　　①　設計図書の定めにより工事の受注者等が作成し、提出する施工図（躯体図、工作図、製作図等をいう。）、製作見本、見本施工等が設計図書の内容に適合しているかについて検討し、適合していると認められる場合には、その旨を調査職員に報告する。

　　②　①の検討の結果、適合しないと認められる場合には、設計図書に定められた品質を確保するために必要な措置についてとりまとめ、調査職員に報告する。

　　③　②の結果、工事の受注者等が施工図、製作見本、見本施工等を再度作成し、提出した場合は、①、②の規定を準用する。

　(ii)　工事材料、設備機器等の検討及び報告

　　①　設計図書の定めにより工事の受注者等が提案又は提出する工事材料、設備機器等

（当該工事材料、設備機器等に係る製造者及び専門工事業者を含む。）及びそれらの見本に関し、工事の受注者等に対して事前に指示すべき内容を調査職員に報告し、提案又は提出された工事材料、設備機器等及びそれらの見本が設計図書の内容に適合しているかについて検討し、適合していると認められる場合には、その旨を調査職員に報告する。

② ①の検討の結果、適合しないと認められる場合には、設計図書に定められた品質を確保するために必要な措置についてとりまとめ、調査職員に報告する。

③ ②の結果、工事の受注者等が工事材料、設備機器等及びそれらの見本を再度提案又は提出した場合は、①、②の規定を準用する。

(4) 対象工事と設計図書との照合及び確認

工事の受注者等が行う対象工事が設計図書の内容に適合しているかについて、設計図書に定めのある方法による確認のほか、目視による確認、抽出による確認、工事の受注者等から提出される品質管理記録の確認等、対象工事に応じた合理的方法により確認を行う。

(5) 対象工事と設計図書との照合及び確認の結果報告等

① (4)の結果、対象工事が設計図書のとおりに実施されていると認められる場合には、その旨を調査職員に報告する。

② (4)の結果、対象工事が設計図書のとおりに実施されていないと認められる箇所がある場合には、直ちに、調査職員に報告するとともに、設計図書に定められた品質を確保するために必要な措置についてとりまとめ、調査職員に報告する。

③ 調査職員から対象工事が設計図書のとおりに実施されていないと認められる箇所を示された場合には、設計図書に定められた品質を確保するために必要な措置についてとりまとめ、調査職員に報告する。

④ 工事の受注者等が必要な修補を行った場合は、その方法が設計図書に定める品質確保の観点から適切か否かを確認し、適切と認められる場合には、その内容を調査職員に報告する。

⑤ ④の結果、修補が適切になされていないと認められる場合の再修補等の取扱いは、①、②、③、④の規定を準用する。

(6) 業務報告書等の提出

対象工事と設計図書との照合及び確認をすべて終えた後、業務報告書及び調査職員が指示した書類等の整備を行い、調査職員に提出する。

2．工事監理に関するその他の業務
(1) 工程表の検討及び報告

① 工事請負契約の定めにより工事の受注者等が作成し、提出する工程表について、工事請負契約に定められた工期及び設計図書に定められた品質が確保できないおそれがある

かについて検討し、品質が確保できると認められる場合には、その旨を調査職員に報告する。

② ①の検討の結果、品質が確保できないおそれがあると認められる場合には、工事の受注者等に対する修正の求めその他必要な措置についてとりまとめ、調査職員に報告する。

③ ②の結果、工事の受注者等が工程表を再度作成し、提出した場合は、①、②の規定を準用する。

(2) 設計図書に定めのある施工計画の検討及び報告

① 設計図書の定めにより、工事の受注者等が作成し、提出する施工計画（工事施工体制に関する記載を含む。）について、工事請負契約に定められた工期及び設計図書に定められた品質が確保できないおそれがあるかについて検討し、品質が確保できると認められる場合には、その旨を調査職員に報告する。

② ①の検討の結果、品質が確保できないおそれがあると認められる場合には、工事の受注者等に対して修正の求めその他必要な措置についてとりまとめ、調査職員に報告する。

③ ②の結果、工事の受注者等が施工計画を再度作成し、提出した場合は、①、②の規定を準用する。

(3) 対象工事と工事請負契約との照合、確認、報告等

(i) 対象工事と工事請負契約との照合、確認及び報告

① 工事の受注者等が行う対象工事が工事請負契約の内容（設計図書に関する内容を除く。）に適合しているかについて、目視による確認、抽出による確認、工事の受注者等から提出される品質管理記録の確認等、対象工事に応じた合理的方法により確認を行い、適合していると認められる場合には、その旨を調査職員に報告する。

② ①の検討の結果、適合していないと認められる箇所がある場合、又は調査職員から適合していない箇所を示された場合には、工事の受注者等に対して指示すべき事項を検討し、その結果を調査職員に報告する。

③ 工事の受注者等が必要な修補等を行った場合は、これを確認し、その内容を調査職員に報告する。

④ ③の結果、修補が適切になされていないと認められる場合の再修補等の取扱いは、①、②、③の規定を準用する。

(ii) 工事請負契約に定められた指示、検査等

工事監理仕様書に定められた試験、立会い、確認、審査、協議等（設計図書に定めるものを除く。）を行い、その結果を調査職員に報告する。また工事の受注者等が試験、立会い、確認、審査、協議等を求めたときは、速やかにこれに応じる。

(iii) 対象工事が設計図書の内容に適合しない疑いがある場合の破壊検査

工事の受注者等の行う対象工事が設計図書の内容に適合しない疑いがあり、かつ破壊検査が必要と認められる理由がある場合には、調査職員に報告し、調査職員の指示を受けて、必要な範囲で破壊して検査する。

⑷　関係機関の検査の立会い等

　　建築基準法等の法令に基づく関係機関の検査に立会い、その指摘事項等について、工事の受注者等が作成し、提出する検査記録等に基づき調査職員に報告する。

2．2　追加業務の内容

　　追加業務の内容については、特記仕様書による。一般業務と同様、受注者は調査職員の指示に従い、業務計画書に記載した業務方針に基づいて行うものとする。

第3章　業務の実施

3．1　業務の着手

　　受注者は、工事監理仕様書に定めがある場合を除き、契約締結後14日以内に工事監理業務に着手しなければならない。この場合において、着手とは、管理技術者が工事監理業務の実施のため調査職員との打合せを開始することをいう。

3．2　適用基準等

1．受注者が、業務を実施するに当たり、適用すべき基準等（以下「適用基準等」という。）は、特記仕様書による。

2．適用基準等で市販されているものについては、受注者の負担において備えるものとする。

3．3　提出書類

1．受注者は、発注者が指定した様式により、契約締結後に、関係書類を調査職員を経て、速やかに発注者に提出しなければならない。ただし、業務委託料に係る請求書、請求代金代理受領承諾書、遅延利息請求書、調査職員に関する措置請求に係る書類及びその他現場説明の際指定した書類を除くものとする。

2．共通仕様書において書面により行わなければならないこととされている指示、請求、通知、報告、承諾、協議及び提出については、電子メール等の情報通信の技術を利用する方法を用いて行うことができる。

3．受注者が発注者に提出する書類で様式及び部数が定められていない場合は、調査職員の指示によるものとする。

4．業務実績情報を登録することが特記仕様書において指定された場合は、登録内容について、あらかじめ調査職員の承諾を受け、登録されることを証明する資料を検査職員に提示し、業務完了検査後速やかに登録の手続きを行うとともに、登録が完了したことを証明する資料を調査職員に提出しなければならない。

3．4　業務計画書

1．受注者は、契約締結後14日以内に業務計画書を作成し、調査職員に提出しなければならない。

2．業務計画書には、契約図書に基づき、次の事項を記載するものとする。

  (1)　業務一般事項

  (2)　業務工程計画

  (3)　業務体制

  (4)　業務方針

    上記事項のうち(2)業務工程計画については、工事の受注者等と十分な打合せを行った上で内容を定めなければならない。また、(4)業務方針の内容については、事前に調査職員の承諾を得なければならない。

3．受注者は、業務計画書の重要な内容を変更する場合は、理由を明確にしたうえ、その都度調査職員に変更業務計画書を提出しなければならない。

4．調査職員が指示した事項については、受注者は更に詳細な業務計画に係る資料を提出しなければならない。

3．5　守秘義務

    受注者は、契約書第6条の規定に基づき、業務の実施過程で知り得た秘密を第三者に漏らしてはならない。

3．6　再委託

1．契約書第7条第1項に定める「指定した部分」とは、工事監理業務等における総合的な企画及び判断並びに業務遂行管理をいい、受注者は、これを再委託してはならない。

2．コピー、ワープロ、印刷、製本、計算処理、トレース、資料整理、模型製作、透視図作成等の簡易な業務は、契約書第7条第2項に定める「軽微な部分」に該当するものとし、受注者が、この部分を第三者に再委託する場合は、発注者の承諾を得なくともよいものとする。

3．受注者は、第1項及び第2項に規定する業務以外の再委託に当たっては、発注者の承諾を得なければならない。

4．受注者は、工事監理業務を再委託する場合は、委託した業務の内容を記した書面により行うこととする。なお、協力者が国土交通省又は地方整備局等の建設コンサルタント業務等指名競争参加資格者である場合は、指名停止期間中であってはならない。

5．受注者は、協力者及び協力者が再々委託を行うなど複数の段階で再委託が行われるときは当該複数の段階の再委託の相手方の住所、氏名及び当該複数の段階の再委託の相手方がそれぞれ行う業務の範囲を記載した書面を更に詳細な業務計画に係る資料として、調査職員に提出しなければならない。

6．受注者は、協力者に対して、工事監理業務の実施について適切な指導及び管理を行わなければならない。また、複数の段階で再委託が行われる場合についても必要な措置を講じなければならない。

3.7 調査職員

1. 発注者は、契約書第8条の規定に基づき、調査職員を定め、受注者に通知するものとする。

2. 調査職員は、契約図書に定められた範囲内において、指示、承諾、協議等の職務を行うものとする。

3. 調査職員の権限は、契約書第8条第2項に定める事項とする。

4. 調査職員がその権限を行使するときは、書面により行うものとする。
   ただし、緊急を要する場合は、口頭による指示等を行うことができるものとする。

5. 調査職員は、口頭による指示等を行った場合は、7日以内に書面により受注者にその内容を通知するものとする。

3.8 管理技術者

1. 受注者は、契約書第9条の規定に基づき、管理技術者を定め発注者に通知しなければならない。なお、管理技術者は、日本語に堪能でなければならない。

2. 管理技術者の資格要件は、特記仕様書による。

3. 管理技術者は、契約図書等に基づき、業務の技術上の管理を行うものとする。

4. 管理技術者の権限は、契約書第9条第3項に定める事項とする。ただし、受注者が管理技術者に委任する権限（契約書の規定により行使できないとされた権限を除く。）を制限する場合は、発注者に、あらかじめ通知しなければならない。

5. 管理技術者は、関連する他の工事監理業務が発注されている場合は、円滑に業務を遂行するために、相互に協力しつつ、その受注者と必要な協議を行わなければならない。

3.9 監督職員及び工事の受注者等

発注者は、対象工事の監督職員及び工事の受注者等を受注者に通知するものとする。

3.10 軽微な設計変更

受注者は、設計内容の伝達を受け、施工図等の検討を行う過程において、細部の取り合いや工事間の調整等により、又は調査職員の指示により軽微な設計変更の必要が生じた場合、工事の受注者等へ指示すべき事項を調査職員に報告する。

3.11 貸与品等

1. 業務の実施に当たり、貸与又は支給する図面、適用基準及びその他必要な物品等（以下「貸与品等」という。）は、特記仕様書による。

2. 受注者は、貸与品等の必要がなくなった場合は、速やかに調査職員に返却しなければならない。

3. 受注者は、貸与品等を善良な管理者の注意をもって取扱わなければならない。万一、損傷した場合には、受注者の責任と費用負担において修復するものとする。

4. 受注者は、工事監理仕様書に定める守秘義務が求められるものについては、これを他人に閲覧させ、複写させ、又は譲渡してはならない。

3.12 関連する法令、条例等の遵守

　　受注者は、工事監理業務の実施に当たっては、関連する法令、条例等を遵守しなれければならない。

3.13 関係機関への手続き等

1. 受注者は、工事監理業務の実施に当たっては、発注者が行う関係機関等への手続き及び立会いの際に協力しなければならない。
2. 受注者は、工事監理業務を実施するため、関係機関等に対する諸手続き及び立会いが必要な場合は、速やかに行うものとし、その内容を調査職員に報告しなければならない。
3. 受注者が、関係機関等から交渉を受けたときは、速やかにその内容を調査職員に報告し、必要な協議を行うものとする。

3.14 打合せ及び記録

1. 工事監理業務を適正かつ円滑に実施するため、管理技術者と調査職員は常に密接な連絡をとり、業務の方針、条件等の疑義を正すものとし、その内容については、その都度受注者が書面（打合せ記録簿）に記録し、相互に確認しなければならない。
2. 工事監理業務着手時及び工事監理仕様書に定める時期において、管理技術者と調査職員は打合せを行うものとし、その結果について、管理技術者が書面（打合せ記録簿）に記録し、相互に確認しなければならない。
3. 受注者が工事の受注者等と打合せを行う場合には、事前に調査職員の承諾を受けることとする。また、受注者は工事の受注者等との打合せ内容について書面（打合せ記録簿）に記録し、速やかに調査職員に提出しなければならない。

3.15 条件変更等

1. 受注者は、工事監理仕様書に明示されていない履行条件について契約書第14条第1項第5号に定める「予期することのできない特別な状態」が生じたと判断し、発注者と協議して当該規定に適合すると認められた場合は、契約書第14条第1項の規定により、速やかに発注者にその旨を通知し、その確認を請求しなければならない。
2. 調査職員が、受注者に対して契約書第14条に定める工事監理仕様書の訂正又は変更を行う場合、契約書第15条及び第17条に規定する工事監理仕様書又は業務に関する指示の変更を行う場合は、書面によるものとする。

3.16 一時中止

1. 発注者は、次の各号に該当する場合は、契約書第16条第1項の規定により、工事監理業務の全部又は一部を一時中止させるものとする。
   ⑴ 対象工事の設計変更等業務の進捗が遅れたため、工事監理業務の続行を不適当と認めた場合
   ⑵ 環境問題等の発生により工事監理業務の続行が不適当又は不可能となった場合

⑶　天災等により工事監理業務の対象箇所の状態が変動した場合

⑷　前各号に掲げるもののほか、発注者が必要と認めた場合

2．発注者は、受注者が契約図書に違反し、又は調査職員の指示に従わない場合等、調査職員が必要と認めた場合には、工事監理業務の全部又は一部を一時中止させることができるものとする。

3．17　履行期間の変更

1．受注者は、契約書第19条の規定に基づき、履行期間の延長変更を請求する場合は、延長理由、延長日数の算定根拠、業務工程計画を修正した業務計画書、その他必要な資料を発注者に提出しなければならない。

2．受注者は、契約書第14条、第19条及び第20条の規定に基づき、履行期間を変更した場合は、速やかに業務工程計画を修正した業務計画書を提出しなければならない。

3．18　債務不履行に係る履行責任

1．受注者は、発注者から債務不履行に対する履行を求められた場合は、速やかにその履行をしなければならない。

2．検査職員は、債務不履行に対する履行の必要があると認めた場合は、受注者に対して、期限を定めてその履行を指示することができるものとする。

3．検査職員が債務不履行に対する履行の指示をした場合は、その履行の完了の確認は検査職員の指示に従うものとする。

4．検査職員が指示した期間内に債務不履行に対する履行が完了しなかった場合は、発注者は、契約書第26条第2項の規定に基づき検査の結果を受注者に通知するものとする。

3．19　検　査

1．受注者は、契約書第26条第1項の規定に基づいて、発注者に対して、業務完了届の提出をもって業務の完了を通知する。

2．受注者は、工事監理業務が完了したとき及び部分払を請求しようとするときは、検査を受けなければならない。

3．受注者は、検査を受ける場合は、あらかじめ契約図書により義務付けられた業務報告書並びに指示、請求、通知、報告、承諾、協議、提出及び打合せに関する書面その他検査に必要な資料を整備し、調査職員に提出しておかなければならない。

4．受注者は、契約書第28条の規定に基づく部分払の請求に係る出来形部分の確認の検査を受ける場合は、当該請求に係る出来形部分等の算出方法について調査職員の指示を受けるものとし、当該請求部分に係る業務は、次の⑴及び⑵の要件を満たすものとする。

⑴　調査職員の指示を受けた事項がすべて完了していること。

⑵　契約図書により義務付けられた資料の整備がすべて完了していること。

5．発注者は、工事監理業務の検査に当たっては、あらかじめ、受注者に対して書面をもって検査日を通知するものとする。

6．検査職員は、調査職員及び管理技術者の立会のうえ、工事監理業務の実施状況について、書類等により検査を行うものとする。

参考資料

この参考資料は、「建築工事監理業務委託共通仕様書」に基づく工事監理業務の円滑な実施に資するため、(一社)公共建築協会が、工事監理業務の委託に関する特記仕様書例や業務委託契約書を収録したものです。

工事監理業務特記仕様書例

この「工事監理業務特記仕様書例」に示した [○○○] 部分は、特記事項を検討する際の参考となるように作成のポイントを記載しています。

○○工事監理業務特記仕様書（例）

Ⅰ 業務概要

1．業務名称 　　　　（　　　　　　　　　　　　　　　　　　　　　　　　）

2．施設の概要
本業務の対象となる施設の概要は、次のとおりとする。
- (1)　施設名称　　　　（　　　　　　　　　　　　　　　　　　　　　）
- (2)　敷地の場所　　　（　　　　　　　　　　　　　　　　　　　　　）
- (3)　施設用途　　　　（　　　　　　　　　　　　　　　　　　　　　）
　　　　　　　　　　　令和6年国土交通省告示第8号　別添二　第　号　第　類とする。
- (4)　延べ面積　　　　（　　　　　　　　）m²

3．適　用
本特記仕様書に記載された特記事項については「⊙」印が付いたものを適用する。「⊙」
印の付かない場合は「※」印を適用する。

「⊙」印と「※」印が付いた場合は共に適用する。

4．対象工事の概要
本業務の対象となる工事（以下「対象工事」という。）の概要は以下のとおりとする。

※対象工事の名称、工期等は、別紙1のとおりとする。

※対象工事は、ワンデーレスポンス実施対象工事である。［Ⅱ　2.　(14)(a)参照］

・対象工事は、ISO9000シリーズの適用工事である。

・対象工事は、情報共有システムの活用対象工事である。

・

Ⅱ 業務仕様

本特記仕様書に記載されていない事項は、「建築工事監理業務委託共通仕様書」（平成13年2
月15日付け国営技第6号（最終改定 令和6年3月26日付け国営整第214号））（以下「共通
仕様書」という。）による。

1．工事監理業務の内容
一般業務は、共通仕様書「第2章　工事監理業務の内容」に規定する項目のほか、次に掲
げるところによる。各項に定める確認及び検討の詳細な方法については、共通仕様書の定め

によるほか、調査職員の指示による。また、業務内容に疑義が生じた場合には、速やかに調査職員と協議する。

(1) 一般業務の内容

(a) 工事監理に関する業務

① 工事監理方針の説明等

1) 工事監理方針の説明

　　・
　　・

2) 工事監理方法変更の場合の協議

　　・
　　・

② 設計図書の内容の把握等

1) 設計図書の内容の把握

　　・
　　・

2) 質疑書の検討

　　・
　　・

③ 設計図書に照らした施工図等の検討及び報告

1) 施工図等の検討及び報告

検討に当たっては、設計図書との整合性の確認、納まりの確認、建築工事と設備工事との整合の確認等について、十分留意する。

※別紙2「重点工事監理項目」に係る部分に関する施工図について、特に留意して検討を行うこと。

※施工図の検討をより効率的に行うために、施工図作成の基礎となる総合図を作成した場合についても検討を行うこと。

　　・
　　・

2) 工事材料、設備機器等の検討及び報告

※別紙2「重点工事監理項目」について、特に留意して行うこと。

　　・
　　・

④ 対象工事と設計図書との照合及び確認

設計図書に定めのある方法による確認のほか、立会い確認若しくは書類確認のいずれか又は両方を併用した方法で行うこと。

※別紙2「重点工事監理項目」について、特に留意して行うこと。

・共通仕様書 第2章 2.1 1.(4)に定める「対象工事に応じた合理的方法」については「工事監理ガイドライン」（平成21年9月1日国土交通省住宅局策定）によるほか、該当がある場合には「基礎ぐい工事における工事監理ガイドライン」（平成28年3月4日付け国住指第4239号）による。[新築・増築の場合]

・共通仕様書 第2章 2.1 1.(4)に定める「対象工事に応じた合理的方法」については次によるほか、該当がある場合には「基礎ぐい工事における工事監理ガイドライン」（平成28年3月4日付け国住指第4239号）による。[改修工事の場合]

　　1）　立会い確認

　　　　原則として、施工の各段階で確認する工程について、確認対象部位、工種、材料、機器類の種別、回路数等の工事内容や設計内容に応じて、初回は詳細に確認を実施し、以降は設計図書のとおりに実施されていると確認された工程は抽出による確認を実施すること。抽出に当たっては、施工状況を踏まえつつ、施工数量に応じて効果的に抽出を行うこと。

　　2）　書類確認

　　　　原則として、施工の各段階で、その段階で提出される品質管理記録の内容について確認すること。

⑤　対象工事と設計図書との照合及び確認の結果報告等

　　・

　　・

⑥　業務報告書等の提出

　　・

　　・

(b)　工事監理に関するその他の業務

①　工程表の検討及び報告

　　・

　　・

②　設計図書に定めのある施工計画の検討及び報告

　　・

　　・

③　対象工事と工事請負契約との照合、確認、報告等

　1）　対象工事と工事請負契約との照合、確認、報告

　　　・

　　　・

2)　工事請負契約に定められた指示、検査等

　　　　・

　　　　・

　　3)　対象工事が設計図書の内容に適合しない疑いがある場合の破壊検査

　　　　・

　　　　・

　④　関係機関の検査の立会い等

　　　・

　　　・

(2)　**追加業務の内容**

追加業務は、次に掲げる業務とする。各項に定めた確認及び検討の詳細な方法については、調査職員の指示による。また、業務内容に疑義が生じた場合には、速やかに調査職員と協議する。

・完成図の確認

(a)　設計図書の定めにより工事の受注者等が提出する完成図について、その内容が適切であるか否かを確認し、結果を調査職員に報告する。

(b)　前項の確認の結果、適切でないと認められる場合には、工事の受注者等に対して修正を求めるべき事項を検討し、その結果を調査職員に報告する。

・保全に関する資料の確認

(a)　設計図書の定めにより工事の受注者等が提出する保全に関する資料について、その内容が適切であるか否かを確認し、結果を調査職員に報告する。

(b)　前項の確認の結果、適切でないと認められる場合には、工事の受注者等に対して修正を求めるべき事項を検討し、その結果を調査職員に報告する。

・関連工事の調整に関する業務

対象工事が複数あり、それらの工事が相互に密接に関連する場合、必要に応じて工事の受注者等の協力を受けて調整を行うべき事項を検討し、その結果を調査職員に報告する。

・施工計画等の特別の検討・助言に関する業務

現場、製作工場などにおける次に掲げる特殊な作業方法及び工事用機械器具について、その妥当性を技術的に検討し、工事の受注者等に対して助言すべき事項を調査職員に報告する。

（　　　　　　　　　　　　　　　　　　　　　　）

（　　　　　　　　　　　　　　　　　　　　　　）

(3) **工事監理者**

　　建築基準法第5条の6第4項に基づき、以下の者を工事監理者とする。[建築基準法第
5条の6第4項に該当しない場合、「建築基準法第5条の6第4項に基づき、」を削除する。]

・管理技術者

・主任担当技術者（管理技術者の下で各分担業務分野における担当技術者を総括する役割
を担う者をいう。）のうち調査職員が認める者

２．業務の実施

(1) **適用基準等**

　　本業務に国土交通省が制定する以下に掲げる技術基準等を適用する。受注者は対象工事
及び業務の実施内容が技術基準等に適合するよう業務を実施しなければならない。

　　なお、貸与品及び市販されているもの以外は国土交通省ホームページに掲載している。

　　URL：https://www.mlit.go.jp/gobuild/gobuild_tk2_000017.html

(a) 共　　通　　　　　　　　　　　　　　　　　（　年　版　等　）
・建築物解体工事共通仕様書　　　　　　　　　　（　令和 4 年版　）
・営繕工事写真撮影要領　　　　　　　　　　　　（　令和 5 年改定　）
・建築物等の利用に関する説明書作成の手引　　　（　平成28年改定　）
・　　　　　　　　　　　　　　　　　　　　　　（　　　　　　　）・貸与

(b) 建　　築　　　　　　　　　　　　　　　　　（　年　版　等　）
・公共建築工事標準仕様書（建築工事編）　　　　（　令和 4 年版　）
・公共建築改修工事標準仕様書（建築工事編）　　（　令和 4 年版　）
・公共建築木造工事標準仕様書　　　　　　　　　（　令和 4 年版　）
・建築工事標準詳細図　　　　　　　　　　　　　（　令和 4 年改定　）
・　　　　　　　　　　　　　　　　　　　　　　（　　　　　　　）・貸与

(c) 設　　備　　　　　　　　　　　　　　　　　（　年　版　等　）
・公共建築工事標準仕様書（電気設備工事編）　　（　令和 4 年版　）
・公共建築設備工事標準図（電気設備工事編）　　（　令和 4 年版　）
・公共建築改修工事標準仕様書（電気設備工事編）（　令和 4 年版　）
・公共建築工事標準仕様書（機械設備工事編）　　（　令和 4 年版　）
・公共建築設備工事標準図（機械設備工事編）　　（　令和 4 年版　）
・公共建築改修工事標準仕様書（機械設備工事編）（　令和 4 年版　）
・　　　　　　　　　　　　　　　　　　　　　　（　　　　　　　）・貸与

(2) 提出書類等

(a) 次に掲げる書類等の提出場所（　　　　　　　　　　　　　　　　　　　　　　　）

提　出　書　類　等	電子データ	紙	特記事項
①　提出書類 　※業務計画書 　※業務報告書 　・	・ ・ ・	・（　）部 ・（　）部 ・（　）部	
②　その他 　・	・	・（　）部	
③　資　料 　・	・	・（　）部	

（注）：紙による成果物は、特記なき限り、A4ファイル綴じとする。

(b) 業務実績情報の登録の要否

・要

　　受注者は、公共建築設計者情報システム（PUBDIS）に「業務カルテ」を登録する。

　　なお、登録に先立ち、登録内容について調査職員の確認を受ける。また、業務完了検査時には登録されることの証明として、調査職員の確認を受けた資料を検査職員に提出し、確認を受け、その後、速やかに登録を行う。登録完了後、業務カルテ受領書の写しを調査職員に提出する。

・不要

(3) **業務計画書**

　　業務計画書には、別添「様式6-1　業務計画書の提出について」により、次の(a)から(d)の内容を記載する。

　　なお、総合評価落札方式による手続きを経て業務を受注した場合は、技術提案書に記述した提案については、原則として業務計画書に記載しなければならない。また、様式6-5については、技術提案書に記載があり、その内容に変更がなければ技術提案書を使用することができる。

(a) 業務一般事項

　①　業務の目的

　②　業務計画書の適用範囲

　③　業務計画書の適用基準類

　④　業務計画書に内容変更が生じた場合の処置方法

　　業務の目的、本計画書の適用範囲及び本計画書の内容変更の必要が生じた場合の処置方法を明確にしたうえで、その内容を記載する。

(b) 業務工程計画

　　別添「様式6-2　業務工程表」に必要事項を記載する。対象工事の実施工程との整合を図るため、工事の受注者等から提出される対象工事の実施工程表の内容を十分検討のうえ、作成する。検討に用いた実施工程表についても参考として添付する。

(c) 業務体制

① 受注者の管理体制

別添「様式 6-7　受注者管理体制系統図」に必要事項を記載する。

② 業務運営計画

受注者が現場定例会議に参加する場合は、現場定例会議の開催に係る事項（出席者、開催時期、議題、役割分担、その他必要事項）を記載する。現場定例会議に参加しない場合は、受注者が工事の受注者等と施工状況の確認のため適切に連絡をとる方法について記載する。

③ 管理技術者等の経歴

別添「様式 6-4　管理技術者経歴書」「様式 6-5　管理技術者・主任担当技術者」及び、担当技術者を配置する場合は「様式 6-6　担当技術者」に必要事項を記載する。

④ 業務フロー

調査職員により指示された内容のフローとする。調査職員より当該部分の写しを受け取り、内容を把握のうえ、添付する。

(d) 業務方針

仕様書に定められた工事監理業務内容に対する業務の実施方針について記載する。受注者として特に重点を置いて実施する業務等についても記載する。

(4) 調査職員の権限内容

(a) 総括調査員は、総括調査業務を担当し、主に、受注者に対する指示、承諾、協議、関連業務との調整等で重要なものの処理を行う。また、業務の内容の変更、一時中止又は契約の解除の必要があると認める場合における契約担当官等（会計法（昭和 22 年法律第 35 号）第 29 条の 3 第 1 項に規定する契約担当官等をいう。）に対する報告等を行うとともに、主任調査員及び調査員の指揮監督並びに調査業務のとりまとめを行う。

(b) 主任調査員は、主任調査業務を担当し、主に、受注者に対する指示、承諾、協議等（重要なもの及び軽易なものを除く。）の処理、業務の進捗状況の確認、工事監理仕様書の記載内容と履行内容との照合その他契約の履行状況の調査で重要なものの処理、関連業務との調整（重要なものを除く。）の処理を行う。また、業務の内容の変更、一時中止又は契約の解除の必要があると認める場合における総括調査員への報告を行うとともに、調査員の指揮監督並びに主任調査業務及び一般調査業務のとりまとめを行う。

(c) 調査員は、一般調査業務を担当し、主に、受注者に対する指示、承諾、協議等で軽易なものの処理、業務の進捗状況の確認、工事監理仕様書の記載内容と履行内容との照合その他契約の履行状況の調査（重要なものを除く。）を行う。また、業務の内容の変更、一時中止又は契約の解除の必要があると認める場合における主任調査員への報告を行うとともに、一般調査業務のとりまとめを行う。

(d) 総括調査員が置かれていない場合における主任調査員は総括調査業務を、総括調査員及び主任調査員が置かれていない場合の調査員は総括調査業務及び主任調査業務を、調査員が置かれていない場合の主任調査員は一般調査業務をそれぞれあわせて担当する。

⑸　管理技術者及び主任担当技術者の資格要件

・入札説明書による［総合評価落札方式の場合］

　技術提案書に記載した配置予定の技術者は、原則として変更できない。ただし、病休、死亡、退職等のやむを得ない理由により変更を行う場合には、同等以上の技術者であることについて発注者の承諾を得なければならない。

・以下による［価格競争の場合］

　業務の実施に当たっては、次の資格要件を有する管理技術者及び主任担当技術者を適切に配置した体制とする。

　⒜　管理技術者

　　管理技術者は、次の要件を満たし、かつ、設計図書の設計内容を的確に把握する能力、工事監理等についての高度な技術能力及び経験を有する者とする。

　　なお、受注者が個人の場合にあってはその者、会社その他の法人である場合にあっては当該法人に所属する者を配置しなければならない。

　　・建築士法（昭和25年法律第202号）第2条第2項に規定する一級建築士

　　・建築士法第2条第5項に規定する建築設備士

　　・公共建築工事標準仕様書（・建築工事編　・電気設備工事編　・機械設備工事編）（国土交通省大臣官房官庁営繕部）又はそれに準ずる仕様書を適用した工事の工事監理を実施した経験を有すること。

　　・以下の実務経験（建築士法施行規則第1条の2に定める内容をいう。以下同じ。）を有すること。

　　　・○年以上

　　・管理技術者は○○分野の主任担当技術者を兼務してよいこととする。

　⒝　主任担当技術者

　　主任担当技術者の資格要件は次により、かつ、設計図書の設計内容を的確に判断する能力とともに、工事監理等についての技術能力及び経験を有する者を、総合、構造、電気設備、機械設備の分担業務分野毎に1名配置するものとする。また、主たる分担業務分野（○○）の主任担当技術者は、受注者が会社その他の法人である場合にあっては当該法人に所属する者を配置しなければならない。

　　・当該担当の各部門に応じた公共建築工事標準仕様書（・建築工事編　・電気設備工事編　・機械設備工事編）（国土交通省大臣官房官庁営繕部）又はそれに準ずる仕様書を適用した工事の工事監理を実施した経験を有すること、若しくは調査職員がそれと同等の能力があると認めた者であること。

　　・以下の実務経験を有すること。

　　　・○年以上

　　・主任担当技術者については、次の分担業務分野に限り兼務してよいこととする。

　　　・総合と構造

　　　・電気設備と機械設備

　　　・

(6) 貸与品等

貸　与　品　等	適　用
・適用基準等のうち、貸与するもの ・ ・ ・	

貸与場所（　　　　　　　　　　　　　　　）　　貸与時期（　　　　　　）
返却場所（　　　　　　　　　　　　　　　）　　返却時期（　　　　　　）

(7) **関係機関への手続き等**

　建築基準法等の法令に基づく関係機関等の検査（建築主事等関係官署の検査）に必要な書類の原案を作成し調査職員に提出し、検査に立会う。

(8) **打合せ及び記録**

　(a)　打合せは次の時期に行い、速やかに記録を作成し、調査職員に提出する。

　　①　業務着手時

　　②　業務計画書に定める時期

　　③　調査職員又は管理技術者が必要と認めた時

　　④　その他　（　　　　　　　　　　　　　　　　　　　　　　）

　　　　［「毎月○回程度、調査職員が指定する日時」等、必要に応じて業務ごとに記載する。］

　(b)　受注者は工事監理業務が適切に行われるよう、工事の受注者等と定期的かつ適切な時期に連絡をとり、施工状況について把握しなければならない。

　(c)　打合せや情報共有に当たっては、受発注者間で協議のうえ、双方の生産性向上に資する方法を検討すること。具体的には電話、WEB会議、電子メール、情報共有システム（情報通信技術を活用し、受発注者間など異なる組織間で情報を交換・共有することによって業務効率化を実現するシステムをいう。以下同じ。）等の活用を検討すること。

(9) **書面手続**

　工事監理仕様書（質問回答書、現場説明書及び仕様書をいう。以下同じ。）において書面で行わなければならないとされている受発注者間の手続（以下「書面手続」という。）の方法は、原則として(a)による。ただし、受注者の通信環境の事情等によりオンライン化が困難な場合(b)による。

　なお、情報共有システム対象工事の場合は(a)②による。

　(a)　オンラインによる場合

　　書面手続は、押印を省略し、電子メール等を利用する場合は①、情報共有システムを利用する場合は②による。

　①　電子メール等を利用する場合

　　1)　業務着手後の面談等において、受発注者間で電子メールの送受信を行う者を特定し、氏名、電子メールアドレス及び連絡先を共有すること。

2) 電子メールの送信は、原則として、1)で共有した者のうち複数の者に対して行うこと。

3) 受信した電子メールについては、送信者の電子メールアドレスが1)で共有したものと同じであるか確認すること。

4) ファイルの容量が大きく、電子メールでの送受信が困難な場合は、1)で共有した者の間で、監督職員が指定する大容量ファイル転送システムを用いることができる。

② 情報共有システムを利用する場合

1) 業務着手後の面談等において、受発注者双方の情報共有システム利用者を特定し、氏名及び連絡先を共有すること。

2) 受発注者は、情報共有システムを利用するためのID及びパスワードの管理を徹底すること。

(b) オンライン化が困難な場合

書面手続は押印の省略を可とし、押印を省略する場合、書面に、責任者及び担当者の氏名及び連絡先を記載する。ただし、業務着手後の面談等における受発注者相互の本人確認以降、受発注者間の面談等において提出される書面については、押印の省略に当たって責任者及び担当者の氏名及び連絡先を記載しなくてもよい。

(c) その他

① (a)で用いる電子データが、最終版であることを明示するなどの版管理の運用方法を受発注者間で協議し、定めること。

② 検査は、書面手続に電子メールを利用した場合は受注者が保管した電子データで、情報共有システムを利用した場合は同システムに保存した電子データで行う。

(10) **情報共有システムの活用**

本業務の対象工事が、情報共有システム活用対象工事の場合は、工事関係者間の情報を電子的に交換・共有することにより業務の効率化を図ることとし、情報共有システムの利用は次による。

(a) 受注者は、次に掲げる業務の実施に当たり、対象工事の受注者が利用する情報共有システムを利用する。

① 一般業務のうち次に掲げる業務

1) 工事監理に関する業務

a) 設計図書の内容の把握

b) 設計図書に照らした施工図等の検討及び報告

c) 対象工事と設計図書との照合及び確認

d) 対象工事と設計図書との照合及び確認の結果報告等

2) 工事監理に関するその他の業務

a) 工程表の検討及び報告

b) 設計図書に定めのある施工計画の検討及び報告

c) 対象工事と工事請負契約との照合、確認、報告等

② 追加業務のうち次に掲げる業務
・完成図の確認
・保全に関する資料の確認
・関連工事の調整に関する業務
・施工計画等の特別の検討・助言に関する業務
(b) 対象工事の受注者が利用する情報共有システムは、次の要件を満たすものである。
① 工事施工中における受発注者間の情報共有システム機能要件 2019年版営繕工事編
② システム想定利用人数（ライセンスID数）：計●●名
発注者：●名
○○工事受注者：●名
○○工事受注者：●名
○○工事監理業務受注者：●名
○○工事設計意図伝達業務受注者：●名
(c) 受注者が利用する情報共有システムに係る費用は対象工事に含まれる。当該費用は情報共有システムへの登録料及び使用料である。

⑾ **検査**

(a) 業務完了届については、別添「様式7 業務完了届」に必要事項を記載する。

(b) 業務報告書は、次の構成とする。

　なお、情報共有システムを利用する場合は、以下の様式に記載されている内容が情報共有システムから出力された資料により確認できれば様式によらなくてもよい。具体的な確認方法については受注者と調査職員との間で協議すること。

① 月間業務計画表・月間業務実施表

　工事の受注者等が提出した実施工程表を踏まえ、月間の業務計画を立て、別添「様式8-2 月間業務計画・報告書（案）」のうち「予定」の欄に、必要事項を記載する。その後の業務の進捗に伴い、業務の実施状況について、同様式のうち「実施」の欄に必要事項を記載する。

② 報告書

　工事の受注者等から提出された協議書及び施工図等の資料に対し、検討事項を詳細に記載するとともに、別添「様式3 報告書・提案書」に工事の受注者等に対し修正を求めるべき事項及び提案事項を簡潔に記載し、検討資料を添付してとりまとめる。必要に応じ、調査職員からの指示内容が記載された別添「様式2 指示書」、受注者と調査職員との間の協議内容が記載された別添「様式4 協議書」についても添付する。

③ 打合せ記録簿

　調査職員及び工事の受注者等との打合せ結果について、別添「様式5 打合せ記録簿」に必要事項を記載する。

④　月報

　　　別添「様式8-1　工事監理業務月報」に、主要な月間業務実施内容について、業務
　　内容ごとに簡潔に記載する。

⑤　日報

　　　別添「様式8-3　工事監理業務日報」に、日々の業務内容について、簡潔に記載す
　　る。

⑿　**情報管理体制の確保**

（a）　受注者は、本業務に関して発注者から貸与された情報その他知り得た情報であって、
　　発注者が保護を要さないことを同意していない一切の非公表情報（以下「要保護情報」
　　という。）を取り扱う場合は、当該情報を適切に管理するため、別紙様式を参考に、情
　　報取扱者名簿及び情報管理体制図を作成・提出し、発注者の同意を得なければならな
　　い。また、記載内容に変更が生じる場合も、同様に作成・提出のうえ、あらかじめ発注
　　者の同意を得なければならない。

（b）　受注者は、要保護情報について、情報取扱者以外の者に使用、閲覧又は漏えいさせて
　　はならない。

（c）　受注者は、要保護情報の漏えい等の事故やおそれが判明した場合については、履行
　　中・履行後を問わず、事実関係等について直ちに発注者へ報告すること。

　　　なお、報告がない場合でも、情報の漏えい等の懸念がある場合は、発注者が行う報告
　　徴収や調査に応じること。

⒀　**図面等の情報の適正な管理**

（a）　次に掲げる措置その他必要となる措置を講じ、契約書の秘密の保持等の規定を遵守の
　　うえ、図面等の情報を適切に管理する。

　　　なお、発注者は措置の実施状況について報告を求めることができる。また、不十分で
　　あると認められる場合には、是正を求めることができる。

　　　図面等とは、

　　1)　次に該当する図面、特記仕様書等

　　　a)　対象工事の設計図書

　　　b)　Ⅱ　2.（2）(a)に規定する本業務の提出書類等（未完成の提出書類等を含む。）

　　　c)　その他業務の実施のため、作成され、又は交付、貸与等されたもの

　　2)　工事関係図書のうち、施工図等、工事写真その他施設の内容について表示された
　　　図書等とし、紙媒体によるほか、これらの電子データ等を含む。

①　発注者の承諾無く、図面等の情報を業務の履行に関係しない第三者に閲覧させる、
　　提供するなど（ホームページへの掲載、書籍への寄稿等を含む。）しない。

②　業務の履行のための協力者等への図面等の情報の交付等は、必要最小限の範囲につ
　　いて行う。

③　図面等の情報の送信又は運搬は、業務の履行のために必要な場合のほかは、発注者が必要と認めた場合に限る。また、必要となる情報漏洩防止を図るため、電子データによる送信又は運搬に当たってのパスワードによる保護、情報の暗号化等必要となる措置を講ずる。

④　サイバー攻撃に対して、必要となる情報漏洩防止の措置を講ずる。

⑤　貸与品等の情報については、業務の履行に必要な範囲に限り使用し、Ⅱ 2.(6)により調査職員に返却する。また、複製等については、適切な方法により消去又は廃棄する。

⑥　契約の履行に関して知り得た秘密については、契約書に規定されるとおり秘密の保持が求められるので特に取扱いに注意する。

(b)　図面等の情報の紛失、盗難等が生じた場合又は生じたおそれが認められた場合は、速やかに発注者に報告し、状況を把握するとともに、必要となる措置を講ずる。

(c)　上記(a)及び(b)の規定は、契約終了後も対象とする。

(d)　上記(a)(b)及び(c)の規定は、協力者等に対しても対象とする。

⑭　その他、業務の履行に係る条件等

(a)　ワンデーレスポンスとは、工事の受注者等からの質問、協議に対して発注者が、基本的に「その日のうちに」回答するよう対応することである。

なお、即日回答が困難な場合に、いつまでに回答が可能かについても工事の受注者等と協議を行い、回答期限などを設けるなど、何らかの回答を「その日のうち」にすることを含んでいる。

受注者は、工事の受注者等からの質問、協議のうち、本業務に関する事項について、発注者が「その日のうち」に何らかの対応が可能な体制を整備するなど、必要な協力をしなければならない。

なお、質問、協議の内容によりワンデーレスポンスの実施が困難な場合は調査職員と協議すること。

(b)　本業務の履行に当たり、調査職員の承諾を得て、対象工事の設計図書の内容確認等を、対象工事に係る設計意図の伝達業務の受注者に直接行うことができる。

(c)　暴力団員等による不当介入を受けた場合の措置について

①　本業務において、暴力団員等による不当介入を受けた場合は、断固としてこれを拒否すること。また、不当介入を受けた時点で速やかに警察に通報を行うとともに、捜査上必要な協力を行うこと。再委託先等が不当介入を受けたことを認知した場合も同様とする。

②　①により警察に通報又は捜査上必要な協力を行った場合には、速やかにその内容を記載した書面により発注者に報告すること。

③　①及び②の行為を怠ったことが確認された場合は、指名停止等の措置を講じることがある。

④　本業務において、暴力団員等による不当介入を受けたことにより工程に遅れが生じる等の被害が生じた場合は、発注者と協議を行うこと。

(d)　業務コスト調査について

　予算決算及び会計令（昭和22年勅令第165号）第85条の基準に基づく価格を下回る価格で契約した場合においては、受注者は次の事項に協力しなければならない。

①　受注者は、業務コスト調査に係る調査票等の作成を行い、業務完了日の翌日から起算して90日以内に発注者に提出する。

　　なお、調査票等については別途調査職員から指示する。

②　受注者は、提出された調査票等の内容を確認するために調査職員がヒアリング調査を実施する場合、当該調査に応じること。

別紙　1

対　象　工　事　概　要

業務名称 _____

対　象　工　事　名	工　事　概　要	工　期　自	工　期　至	工事発注規模	工事受注者	備　考
○○○○建築工事	庁舎 RC－3　○○ m² 新築1棟	R○.○.○	R○.○.○	（　　　）千円 (税抜き)	○○○○	
○○○○電気設備工事	電気設備一式	R○.○.○	R○.○.○		○○○○	
○○○○機械設備工事	機械設備一式	R○.○.○	R○.○.○		○○○○	
○○○○エレベーター設備工事	エレベーター設備一式	R○.○.○	R○.○.○		○○○○	

別紙 2　　重点工事監理項目（建築）

　工事監理業務の内容（模型、材料及び仕上見本）の検討を行う。

　施工図の検討については、下記に関連するものについて行う。

章	節	項	章	区分：項目（細目）	確認内容	備　考

別紙 2　　重点工事監理項目（建築）

　工事監理業務の内容（模型、材料及び仕上見本）の検討を行う。

　施工図の検討については、下記に関連するものについて行う。

別紙　2　　重点工事監理項目（建築）

　工事監理業務の内容（工事と設計図書の適合）の確認を行う。

　施工図の検討については、下記に関連するものについて行う。

章	節	項	章	区分：項目（細目）	確認内容	備　考

別紙　2　　重点工事監理項目（建築）

　工事監理業務の内容（工事と設計図書の適合）の確認を行う。

　施工図の検討については、下記に関連するものについて行う。

別紙　2　　重点工事監理項目（電気設備）

工事監理業務の内容（工事と設計図書の適合）の確認を行う。

施工図の検討及び建築設備の機械器具の検討については、下記に関連するものについて行う。

章	節	項	章	区分：項目（細目）	確認内容	備　考
別紙　2　　重点工事監理項目（電気設備）						

工事監理業務の内容（工事と設計図書の適合）の確認を行う。

施工図の検討及び建築設備の機械器具の検討については、下記に関連するものについて行う。

別紙　2　　重点工事監理項目（機械設備）

工事監理業務の内容（工事と設計図書の適合）の確認を行う。

施工図の検討及び建築設備の機械器具の検討については、下記に関連するものについて行う。

章	節	項	章	区分：項目（細目）	確認内容	備　考
別紙　2　　重点工事監理項目（機械設備）						

様式　2

指示書		年　月　日

委託業務 名　称		総　括 調査員 ※1	主　任 調査員 ※1	調査員 ※1	
		※2	※2	※2	

下記事項について指示します。　　　　　　　　　　　　　　（添付資料　　葉）

指示事項：

上記の指示事項について承諾しました。		管　理 技術者 ※1	
	年　月　日	※2	

（注）　※1　欄は参考表示とする。
　　　　※2　欄には名前を記載する。

様式　3

報告書・提案書		年　　月　　日
委託業務 名　　称		受注者名	
		管理技術者氏名	

下記事項について報告・提案します。　　　　　　　　　　（添付資料　　葉）

検討・確認事項：		左記内容について	適・否
（否とした場合の改善提案理由）			
（改善すべき内容）			

上記事項について　受理・承諾　する。		総　括 調査員 ※1	主　任 調査員 ※1	調査員 ※1	
	年　　月　　日	※2	※2	※2	
上記事項について指示する。		総　括 監督員 ※1	主　任 監督員 ※1	監督員 ※1	
	年　　月　　日	※2	※2	※2	
上記事項について　受理・承諾　する。		現　場 代理人 ※1	監　理 技術者 ※1		
	年　　月　　日	※2	※2		

備考　※1　欄は参考表示とする。
　　　※2　欄には名前を記載する。
　　　※3　監督職員の名前と確認年月日の記載をもって、工事受注者への指示書とみなすこと
　　　　　　とする。
　　　※4　調査職員欄については、受理・承諾のいずれかを○で囲むものとする。
　　　　　　承諾に○を付けた場合、調査職員への承諾書とみなすこととする。

様式　4

協議書				年　月　日
委託業務 名　　称		受注者名		
		管理技術者氏名		

下記事項について協議します。　　　　　　　　　　　　　　（添付資料　　葉）

協議事項：

（協議結果）

上記事項について受理する。			総　括 調査員 ※1	主　任 調査員 ※1	調査員 ※1	
	年　月　日		※2	※2	※2	

（注）　※1　欄は参考表示とする。
　　　　※2　欄には名前を記載する。

打合せ記録簿							年　月　日	
第　　回	委託業務名称					項	／	
総　括調査員※1	主　任調査員※1	調査員※1	管　理技術者※1	主任担当技術者※1		現　場代理人※1	監　理技術者※1	記録者※1
※2	※2	※2	※2	※2	※2	※2	※2	※2

出席者	
場　　所	打合せ方　式　会議・電話・（　　　　　　）

（打合せ内容）

（注）　※1　欄は参考表示とする。
　　　　※2　欄には名前を記載する。

年　月　日

総括調査員
　氏　名　殿

受注者　住　所
　　　　氏　名

業務計画書の提出について

委託業務の名称

　　　　上記業務について、下記のとおり業務計画書を提出します。

記

1　業務一般事項
2　業務工程計画
3　業務体制
4　業務方針

業務工程表

委託業務名称：

（　／　）

業務区分		4月	5月	6月	7月	8月	9月	10月	11月	12月	1月	2月	3月	計 延べ工事監理要員数
管理技術者	配置													人・日
	実施													人・日
総合主任担当技術者（　・協力事務所）	配置													人・日
	実施													人・日
構造主任担当技術者（　・協力事務所）	配置													人・日
	実施													人・日
電気主任担当技術者（　・協力事務所）	配置													人・日
	実施													人・日
機械主任担当技術者（　・協力事務所）	配置													人・日
	実施													人・日
総合担当技術者（管理技術者、各主任担当技術者を除く）	配置													人・日（うち　人・日）
	実施													人・日（うち　人・日）
構造担当技術者（管理技術者、各主任担当技術者を除く）	配置													人・日（うち　人・日）
	実施													人・日（うち　人・日）
電気担当技術者（管理技術者、各主任担当技術者を除く）	配置													人・日（うち　人・日）
	実施													人・日（うち　人・日）
機械担当技術者（管理技術者、各主任担当技術者を除く）	配置													人・日（うち　人・日）
	実施													人・日（うち　人・日）

備　考
1. 各技術者の区分ごとに配置期間を線表で表示し、開始日及び完了日を当該線上に記入する。
2. 各主任担当技術者のうち協力事務所に依存する部分は、業務区分欄（　）内の・印に○印を記入する。
3. 各担当技術者のうち協力事務所に依存する部分は、（　）内書きで人・日数を記入する。
4. 各技術者の配置に当たっては、工事受注者等から提出される工事の実施工程表（参考添付）を十分検討のうえ行うこと。

様式　6-3

年　月　日

（分任）支出負担行為担当官

　　　　　　　　　　　　　殿

　　　　　　　　　　　　受注者　　住　所
　　　　　　　　　　　　　　　　　氏　名

管 理 技 術 者 通 知 書

委託業務の名称

　　上記業務の管理技術者を下記の者に定めたので経歴書を添え、契約書第9条に
　基づき通知します。

　　　　　　　　　　　　　記

氏　名

管理技術者経歴書

1. 氏名及び生年月日

1. 現　住　所

1. 経　験　年　数*1

年

1. 取　得　資　格　等

　　　　　　　　　年　　　月　　　日　　　　　　　取得
　　　　　　　　　年　　　月　　　日　　　　　　　取得

1. 職　　　　　歴
　　　期間*2　　　　　　　年　　月〜　　年　　月
　　　内容*3
　　　（以下列記）

　　上記のとおり相違ありません。

　　　　年　　　月　　　日

　　　　　　　　　　　　　　　　氏名

備考　＊1　経験年数は、管理技術者の資格要件として、実務経験（建築士法施行規則第1条の
　　　　　2に定める内容をいう。）が求められている場合に記載すること。
　　　＊2　職歴の期間は、現在在籍する会社での在籍年数を記載すること。
　　　＊3　職歴の内容は、現在在籍する会社における過去3ヶ年程度の担当した業務経歴を記
　　　　　載すること。

様式 6-5

管理技術者・主任担当技術者

委託業務名称：

（／）

分担	所属　氏名　生年月日　年令	経験年数*1　資格（登録番号）	業務実績					現に従事している主要な設計又は監理業務・立場*3	
			施設名称*3	構造	規模	施設完成年月	立場*2	業務名・施設の規模・構造・立場*3	完了予定
管理技術者	所属： 氏名 生年月日：　年　月　日 年令：　　才	経験年数　　年 ※一級建築士 （　　） （　　） （　　）			㎡ ㎡ ㎡ ㎡ ㎡	年　月 年　月 年　月 年　月 年　月		・	年　月 年　月 年　月 年　月 年　月
総合主任担当技術者	所属： 氏名 生年月日：　年　月　日 年令：　　才	経験年数　　年 （　　） （　　） （　　）			㎡ ㎡ ㎡ ㎡ ㎡	年　月 年　月 年　月 年　月 年　月		・	年　月 年　月 年　月 年　月 年　月
構造主任担当技術者	所属： 氏名 生年月日：　年　月　日 年令：　　才	経験年数　　年 （　　） （　　） （　　）			㎡ ㎡ ㎡ ㎡ ㎡	年　月 年　月 年　月 年　月 年　月		・	年　月 年　月 年　月 年　月 年　月
電気主任担当技術者	所属： 氏名 生年月日：　年　月　日 年令：　　才	経験年数　　年 （　　） （　　） （　　）			㎡ ㎡ ㎡ ㎡ ㎡	年　月 年　月 年　月 年　月 年　月		・	年　月 年　月 年　月 年　月 年　月
機械主任担当技術者	所属： 氏名 生年月日：　年　月　日 年令：　　才	経験年数　　年 （　　） （　　） （　　）			㎡ ㎡ ㎡ ㎡ ㎡	年　月 年　月 年　月 年　月 年　月		・	年　月 年　月 年　月 年　月 年　月

＊1　管理技術者及び主任担当技術者の資格要件として、実務経験（建築士法施行規則第1条の2に定める内容をいう。）が求められている場合に記載すること。
＊2　立場とは、その業務における役割分担をいい、管理技術者（総括）、○○主任担当技術者（○○主任）、○○担当技術者（○○担当）の別に記入する。
＊3　業務実績の施設名称欄及び現に従事している主要な設計又は監理業務（○○担当）の欄において、公共建築工事標準仕様書（国土交通省大臣官房官庁営繕部監修）を適用した工事については、・印に○印を付する。
※　管理技術者及び主任担当技術者は、提出者の組織に所属しない者を配置してはならない。（別に認める場合を除く。）
※　管理技術者は主任担当技術者を兼務することとはできない。また、管理技術者及び各主任担当技術者は、その職務に関する関係法令に抵触してはならない。
※　認められた分野の主任担当技術者については、兼務しても良い。上段にある分野の氏名欄に記入すれば足り、下段の分野の氏名欄に、「○○担当と同じ」と記載する。
※　工事監理共同体の場合及び主任担当技術者が協力事務所に所属する場合は、氏名欄に所属事務所名もあわせて記入する。

様式 6-6

（　／　）

担当技術者

委託業務名称：

分担	氏名・年令	経験年数*1 資格（登録番号）	業務実績				現に従事している主要な設計又は監理業務	
			施設名称*3	構造・規模	施設完成年月	立場*2	業務名・施設の規模構造・立場*3	完了予定
●●担当技術者	所属： 氏名： 生年月日： 年 月 日 年令： 才	経験年数 　年 （　　　　）		m² m² m²	年 月 年 月 年 月			年 月 年 月 年 月
●●担当技術者	所属： 氏名： 生年月日： 年 月 日 年令： 才	経験年数 　年 （　　　　）		m² m² m²	年 月 年 月 年 月			年 月 年 月 年 月
●●担当技術者	所属： 氏名： 生年月日： 年 月 日 年令： 才	経験年数 　年 （　　　　）		m² m² m²	年 月 年 月 年 月			年 月 年 月 年 月
●●担当技術者	所属： 氏名： 生年月日： 年 月 日 年令： 才	経験年数 　年 （　　　　）		m² m² m²	年 月 年 月 年 月			年 月 年 月 年 月
●●担当技術者	所属： 氏名： 生年月日： 年 月 日 年令： 才	経験年数 　年 （　　　　）		m² m² m²	年 月 年 月 年 月			年 月 年 月 年 月

*1 担当技術者の資格要件として、実務経験（建築士法施行規則第1条の2に定める内容をいう。）が求められている場合に記載すること。

*2 立場とは、その業務における役割分担をいい、管理技術者（総括）、〇〇主任技術者（〇〇主任）、〇〇担当技術者（〇〇担当）の別を記入する。

*3 業務実績の施設名称欄及び現に従事している主要な設計又は監理業務の欄において、公共建築工事標準仕様書（国土交通省大臣官房官庁営繕部監修）を適用した工事については、・印に〇印を付する。

※ 本様式は、担当技術者を配置する場合は、本様式に記入する。用紙が不足する場合は、適宜追加する。

※ 様式6-5に記載の管理技術者、主任担当技術者以外に担当技術者を配置する場合は、氏名欄に所属事務所名もあわせて記入する。

※ 工事監理共同体の場合及び担当技術者が協力事務所に所属する場合は、氏名欄に所属事務所名もあわせて記入する。

様式 6-7

受注者管理体制系統図

委託業務名称

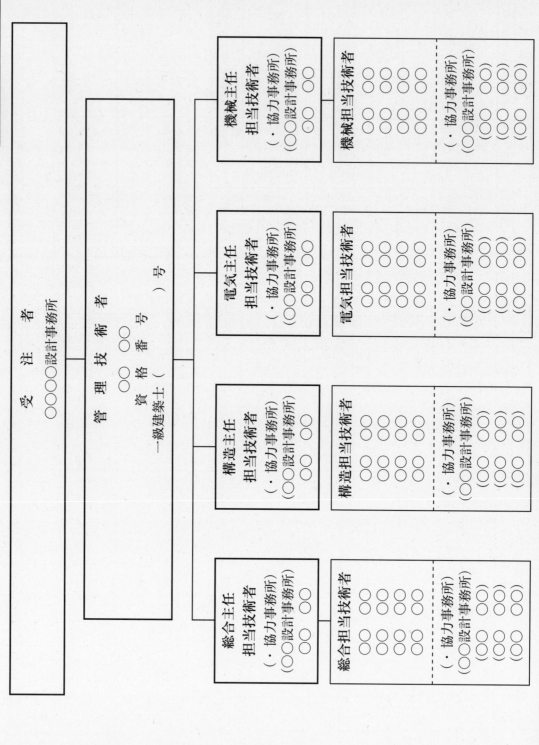

受注者
○○○○設計事務所

管理技術者
○○ ○○
資格番号（　）号
一級建築士

総合主任
担当技術者
（・協力事務所）
（○○設計事務所）
○○ ○○

構造主任
担当技術者
（・協力事務所）
（○○設計事務所）
○○ ○○

電気主任
担当技術者
（・協力事務所）
（○○設計事務所）
○○ ○○

機械主任
担当技術者
（・協力事務所）
（○○設計事務所）
○○ ○○

総合担当技術者
（・協力事務所）
（○○設計事務所）
○○　○○
○○　○○
○○　○○
（○○　○○）
（○○　○○）
（○○　○○）

構造担当技術者
（・協力事務所）
（○○設計事務所）
○○　○○
○○　○○
○○　○○
（○○　○○）
（○○　○○）
（○○　○○）

電気担当技術者
（・協力事務所）
（○○設計事務所）
○○　○○
○○　○○
○○　○○
（○○　○○）
（○○　○○）
（○○　○○）

機械担当技術者
（・協力事務所）
（○○設計事務所）
○○　○○
○○　○○
○○　○○
（○○　○○）
（○○　○○）
（○○　○○）

※ 協力事務所がある場合は、各主任担当技術者・担当技術者欄（　）内の・印に○印を記入し、設計事務所名及び担当者名を記載する。

年　月　日

（分任）支出負担行為担当官

殿

受注者　　住　所
　　　　　氏　名

業 務 完 了 届

下記のとおり完了したので届けます。

記

1　委託業務の名称

1　業 務 委 託 料　　　　￥

1　履 行 期 間　　　自　　令和　　　年　　　月　　　日

　　　　　　　　　　　至　　令和　　　年　　　月　　　日

1　完 了 年 月 日　　　　　令和　　　年　　　月　　　日

月　工事監理業務月報

年　　月　　日

主任調査職員

殿

管理技術者

委託業務名称：○○○○○○工事監理業務　　　自　　令和　　年　　月　　日
　　　　　　　　　　　　　　　　　　　　　　至　　令和　　年　　月　　日

　　標記の業務について、建築工事監理業務委託契約書第11条の規定に基づき、下記のとおり報告します。

記

対象工事名：
施工状況　：

工事監理業務項目	工事監理業務実施状況
施工図等の検討	
工事材料、設備機器等の検討	
対象工事と設計図書との照合及び確認	
業務報告書等の提出	
工程表の検討	
設計図書に定めのある施工計画の検討	
対象工事と工事請負契約との照合、確認	
関係機関の検査の立会い等	
その他の業務、留意事項等	

上記事項について受理する。	総　括調査員※1	主　任調査員※1	調査員※1	
年　　月　　日	※2	※2	※2	

（注）　※1　欄は参考表示とする。
　　　　※2　欄には名前を記載する。

様式 8-2

〈 月 〉 月間業務計画・報告書

年 月 日

委託業務名称：
対象工事名：

| | | 現場代理人 ※1 ※2 | 監理技術者 ※1 ※2 | 管理技術者 ※1 ※2 | 主任担当技術者 ※1 ※2 | 総括調査員 ※1 ※2 | 主任調査員 ※1 ※2 | 調査員 ※1 ※2 |

	検討項目	日 曜日	1 月	2 火	3 水	4 木	5 金	6 土	7 日	8 月	9 火	10 水	11 木	12 金	13 土	14 日	15 月	16 火	17 水	18 木	19 金	20 土	21 日	22 月	23 火	24 水	25 木	26 金	27 土	28 日	29 月	30 火	31 水
現場事務所	主要行事予定																																
	施工状況	予定																															
		実施																															
工事監理事務所	施工図等 工事書類 確認・検討	予定																															
		実施																															
	立会い確認	予定																															
		実施																															
	その他	予定																															
		実施																															
○○○○ （発注者）	施工図等 工事書類 確認・承諾	予定																															
		実施																															
	立会い 検査等	予定																															
		実施																															
	その他	予定																															
		実施																															
出来形	施工 出来形（%）	予定																															
		実施																															
	工事監理業務 出来形（%）	予定																															
		実施																															

備考

（注） ※1　欄は参考表示とする。
　　　 ※2　欄には名前を記載する。

様式 8-3

〈工事監理業務日報〉

年　月　日

委託業務名称		主任担当技術者 氏名	
工　事　名		管理技術者 氏名	
作業月日	月　　日 ～　　月　　日		
月　　日（　）			
月　　日（　）			
月　　日（　）			

建築工事監理業務委託契約書

国官地第 3 - 2 号
平成 13 年 2 月 15 日
最終改正　国会公契第 8 号
国 北 予 第 26 号
令和 4 年 8 月 8 日

建築工事監理業務委託契約書

1　委託業務の名称
2　履 行 期 間　　　令和　　　年　　　月　　　日から
　　　　　　　　　　　令和　　　年　　　月　　　日まで
3　業 務 委 託 料
　　（うち取引に係る消費税及び地方消費税額）
4　契 約 保 証 金
5　調 停 人
6　建築士法第 22 条の 3 の 3 に定める記載事項　　　別紙のとおり

　上記の委託業務について、発注者と受注者は、各々の対等な立場における合意に基づいて、別添の条項によって公正な委託契約を締結し、信義に従って誠実にこれを履行するものとする。また、受注者が設計共同体を結成している場合には、受注者は、別紙の○○設計共同体協定書により契約書記載の業務を共同連帯して実施する。

　本契約の証として本書 2 通を作成し、発注者及び受注者が記名押印の上、各自 1 通を保有する。

　　　　　　　　　　　　　　　　　　　　　　　令和　　　年　　　月　　　日
発注者　　　住　所
　　　　　　〔分　任〕支出負担行為担当官（代理）　　　　　　　　　　印
　　　　　　〔分　任〕契 約 担 当 官（代理）　　　　　　　　　　印
受注者　　　住　所
　　　　　　氏　名　　　　　　　　　　　　　　　　　　　　　　　印
［注］　受注者が設計共同体を結成している場合においては、受注者の住所及び氏名の欄には、
　　　　設計共同体の名称並びに設計共同体の代表者及びその他の構成員の住所及び氏名を記入
　　　　する。

（総　則）

第 1 条　発注者及び受注者は、この契約書（頭書を含む。以下同じ。）に基づき、工事監理業務委託仕様書（別冊の仕様書、現場説明書及びこれらの図書に係る質問回答書並びに現場説明に対する質問回答書をいう。以下「工事監理仕様書」という。）に従い、日本国の法令を遵守し、

この契約（この契約書及び工事監理仕様書を内容とする業務の委託契約をいう。以下同じ。）を履行しなければならない。

2　受注者は、契約書記載の業務（以下「業務」という。）を契約書記載の履行期間（以下「履行期間」という。）内に完了し、発注者は、その業務委託料を支払うものとする。

3　発注者は、その意図する業務を完了させるため、業務に関する指示を受注者又は第9条に定める受注者の管理技術者に対して行うことができる。この場合において、受注者又は受注者の管理技術者は、当該指示に従い業務を行わなければならない。

4　受注者は、この契約書若しくは工事監理仕様書に特別の定めがある場合又は前項の指示若しくは発注者と受注者との協議がある場合を除き、業務を完了するために必要な一切の手段をその責任において定めるものとする。

5　この契約の履行に関して発注者と受注者との間で用いる言語は、日本語とする。

6　この契約書に定める金銭の支払いに用いる通貨は、日本円とする。

7　この契約の履行に関して発注者と受注者との間で用いる計量単位は、工事監理仕様書に特別の定めがある場合を除き、計量法（平成4年法律第51号）に定めるものとする。

8　この契約書及び工事監理仕様書における期間の定めについては、民法（明治29年法律第89号）及び商法（明治32年法律第48号）の定めるところによるものとする。

9　この契約は、日本国の法令に準拠するものとする。

10　この契約に係る訴訟の提起又は調停（第48条の規定に基づき、発注者と受注者との協議の上選任される調停人が行うものを除く。）の申立てについては、日本国の裁判所をもって合意による専属的管轄裁判所とする。

11　受注者が設計共同体を結成している場合においては、発注者は、この契約に基づくすべての行為を設計共同体の代表者に対して行うものとし、発注者が当該代表者に対して行ったこの契約に基づくすべての行為は、当該共同体のすべての構成員に対して行ったものとみなし、また、受注者は、発注者に対して行うこの契約に基づくすべての行為について当該代表者を通じて行わなければならない。

（指示等及び協議の書面主義）

第2条　この契約書に定める指示、催告、請求、通知、報告、申出、承諾、質問、回答及び解除（以下「指示等」という。）は、書面により行わなければならない。

2　前項の規定にかかわらず、緊急やむを得ない事情がある場合には、発注者及び受注者は、前項に規定する指示等を口頭で行うことができる。この場合において、発注者及び受注者は、既に行った指示等を書面に記載し、7日以内にこれを相手方に交付するものとする。

3　発注者及び受注者は、この契約書の他の条項の規定に基づき協議を行うときは、当該協議の内容を書面に記録するものとする。

（業務計画書の提出）

第3条　受注者は、この契約締結後○日以内に工事監理仕様書に基づいて業務計画書を作成し、発注者に提出しなければならない。

　　［注］　○の部分には、原則として、「14」と記入する。

2　発注者は、必要があると認めるときは、前項の業務計画書を受理した日から○日以内に、受

注者に対してその修正を請求することができる。

　　［注］　○の部分には、原則として、「7」と記入する。

3　この契約書の他の条項の規定により履行期間又は工事監理仕様書が変更された場合において、発注者は、必要があると認めるときは、受注者に対して業務計画書の再提出を請求することができる。この場合において、第1項中「この契約締結後」とあるのは「当該請求があった日から」と読み替えて、前2項の規定を準用する。

4　業務計画書は、発注者及び受注者を拘束するものではない。

　（契約の保証）

第4条　受注者は、この契約の締結と同時に、次の各号のいずれかに掲げる保証を付さなければならない。ただし、第5号の場合においては、履行保証保険契約の締結後、直ちにその保険証券を発注者に寄託しなければならない。

　一　契約保証金の納付

　二　契約保証金の納付に代わる担保となる有価証券等の提供

　三　この契約による債務の不履行により生ずる損害金の支払いを保証する銀行、発注者が確実と認める金融機関又は保証事業会社（公共工事の前払金保証事業に関する法律（昭和27年法律第184号）第2条第4項に規定する保証事業会社をいう。以下同じ。）の保証

　四　この契約による債務の履行を保証する公共工事履行保証証券による保証

　五　この契約による債務の不履行により生ずる損害をてん補する履行保証保険契約の締結

2　受注者は、前項の規定による保険証券の寄託に代えて、電子情報処理組織を使用する方法その他の情報通信の技術を利用する方法（以下「電磁的方法」という。）であって、当該履行保証保険契約の相手方が定め、発注者が認めた措置を講ずることができる。この場合において、受注者は、当該保険証券を寄託したものとみなす。

3　第1項の保証に係る契約保証金の額、保証金額又は保険金額（第6項において「保証の額」という。）は、業務委託料の10分の1以上としなければならない。

4　受注者が第1項第3号から第5号までのいずれかに掲げる保証を付す場合は、当該保証は第43条第3項各号に規定する者による契約の解除の場合についても保証するものでなければならない。

5　第1項の規定により、受注者が同項第2号又は第3号に掲げる保証を付したときは、当該保証は契約保証金に代わる担保の提供として行われたものとし、同項第4号又は第5号に掲げる保証を付したときは、契約保証金の納付を免除する。

6　業務委託料の変更があった場合には、保証の額が変更後の業務委託料の10分の1に達するまで、発注者は、保証の額の増額を請求することができ、受注者は、保証の額の減額を請求することができる。

　　［注］　契約の保証を免除する場合は、この条を削除する。

　（権利義務の譲渡等）

第5条　受注者は、この契約により生ずる権利又は義務を第三者に譲渡し、又は承継させてはならない。ただし、あらかじめ、発注者の承諾を得た場合は、この限りでない。

2　受注者は、業務を行う上で得られた記録等を第三者に譲渡し、貸与し、又は質権その他の担保

の目的に供してはならない。ただし、あらかじめ、発注者の承諾を得た場合は、この限りでない。

3 受注者が部分払等によってもなおこの契約の履行に必要な資金が不足することを疎明したときは、発注者は、特段の理由がある場合を除き、受注者の業務委託料債権の譲渡について、第1項ただし書の承諾をしなければならない。

4 受注者は、前項の規定により、第1項ただし書の承諾を受けた場合は、業務委託料債権の譲渡により得た資金をこの契約の履行以外に使用してはならず、またその使途を疎明する書類を発注者に提出しなければならない。

　　［注］　第3項を使用しない場合は、同項及び第4項を削除する。

（秘密の保持）

第6条　受注者は、この契約の履行に関して知り得た秘密を漏らしてはならない。

2 受注者は、発注者の承諾なく、この契約を履行する上で得られた設計図書等（業務を行う上で得られた記録等を含む。）を他人に閲覧させ、複写させ、又は譲渡してはならない。

（一括再委託等の禁止）

第7条　受注者は、業務の全部を一括して、又は工事監理仕様書において指定した部分を第三者に委任してはならない。

2 受注者は、業務の一部を第三者に委任しようとするときは、あらかじめ、発注者の承諾を得なければならない。ただし、発注者が工事監理仕様書において指定した軽微な部分を委任しようとするときは、この限りでない。

3 発注者は、受注者に対して、業務の一部を委任した者の商号又は名称その他必要な事項の通知を請求することができる。

（調査職員）

第8条　発注者は、調査職員を置いたときは、その氏名を受注者に通知しなければならない。調査職員を変更したときも、同様とする。

2 調査職員は、この契約書の他の条項に定めるもの及びこの契約書に基づく発注者の権限とされる事項のうち発注者が必要と認めて調査職員に委任したもののほか、工事監理仕様書に定めるところにより、次に掲げる権限を有する。

　一　発注者の意図する業務を完了させるための受注者又は受注者の管理技術者に対する業務に関する指示

　二　この契約書及び工事監理仕様書の記載内容に関する受注者の確認の申出又は質問に対する承諾又は回答

　三　この契約の履行に関する受注者又は受注者の管理技術者との協議

　四　業務の進捗の確認、工事監理仕様書の記載内容と履行内容との照合その他この契約の履行状況の調査

3 発注者は、2名以上の調査職員を置き、前項の権限を分担させたときにあってはそれぞれの調査職員の有する権限の内容を、調査職員にこの契約書に基づく発注者の権限の一部を委任したときにあっては当該委任した権限の内容を、受注者に通知しなければならない。

4 第2項の規定に基づく調査職員の指示又は承諾は、原則として、書面により行わなければならない。

5　この契約書に定める書面の提出は、工事監理仕様書に定めるものを除き、調査職員を経由して行うものとする。この場合においては、調査職員に到達した日をもって発注者に到達したものとみなす。

（管理技術者）

第9条　受注者は、業務の技術上の管理を行う管理技術者を定め、その氏名その他必要な事項を発注者に通知しなければならない。管理技術者を変更したときも、同様とする。

2　管理技術者は、設計業務の技術上の管理技術者と同一の者であってはならない。

3　管理技術者は、この契約の履行に関し、業務の管理及び統轄を行うほか、業務委託料の変更、履行期間の変更、業務委託料の請求及び受領、次条第1項の請求の受理、同条第2項の決定及び通知、同条第3項の請求、同条第4項の通知の受理並びにこの契約の解除に係る権限を除き、この契約に基づく受注者の一切の権限を行使することができる。

4　受注者は、前項の規定にかかわらず、自己の有する権限のうちこれを管理技術者に委任せず自ら行使しようとするものがあるときは、あらかじめ、当該権限の内容を発注者に通知しなければならない。

（管理技術者等に対する措置請求）

第10条　発注者は、管理技術者又は受注者の使用人若しくは第7条第2項の規定により受注者から業務を委任された者がその業務の実施につき著しく不適当と認められるときは、受注者に対して、その理由を明示した書面により、必要な措置をとるべきことを請求することができる。

2　受注者は、前項の規定による請求があったときは、当該請求に係る事項について決定し、その結果を請求を受けた日から10日以内に発注者に通知しなければならない。

3　受注者は、調査職員がその職務の執行につき著しく不適当と認められるときは、発注者に対して、その理由を明示した書面により、必要な措置をとるべきことを請求することができる。

4　発注者は、前項の規定による請求があったときは、当該請求に係る事項について決定し、その結果を請求を受けた日から10日以内に受注者に通知しなければならない。

（履行報告）

第11条　受注者は、工事監理仕様書に定めるところにより、この契約の履行について発注者に報告しなければならない。

（貸与品等）

第12条　発注者が受注者に貸与し、又は支給する図面その他業務に必要な物品等（以下「貸与品等」という。）の品名、数量等、引渡場所及び引渡時期は、工事監理仕様書に定めるところによる。

2　受注者は、貸与品等の引渡しを受けたときは、引渡しの日から7日以内に、発注者に受領書又は借用書を提出しなければならない。

3　受注者は、貸与品等を善良な管理者の注意をもって管理しなければならない。

4　受注者は、工事監理仕様書に定めるところにより、業務の完了、工事監理仕様書の変更等によって不用となった貸与品等を発注者に返還しなければならない。

5　受注者は、故意又は過失により貸与品等が滅失若しくはき損し、又はその返還が不可能となったときは、発注者の指定した期間内に代品を納め、若しくは原状に復して返還し、又は返

還に代えて損害を賠償しなければならない。

（工事監理仕様書と業務内容が一致しない場合の履行責任）

第13条 受注者は、業務の内容が工事監理仕様書又は発注者の指示若しくは発注者と受注者との協議の内容に適合しない場合において、調査職員がその履行を請求したときは、当該請求に従わなければならない。この場合において、当該不適合が発注者の指示によるときその他発注者の責めに帰すべき事由によるときは、発注者は、必要があると認められるときは、履行期間若しくは業務委託料を変更し、又は受注者に損害を及ぼしたときは必要な費用を負担しなければならない。

（条件変更等）

第14条 受注者は、業務を行うに当たり、次の各号のいずれかに該当する事実を発見したときは、その旨を直ちに発注者に通知し、その確認を請求しなければならない。

一 仕様書、現場説明書及びこれらの図書に係る質問回答書並びに現場説明に対する質問回答書が一致しないこと（これらの優先順位が定められている場合を除く。）。

二 工事監理仕様書に誤謬又は脱漏があること。

三 工事監理仕様書の表示が明確でないこと。

四 履行上の制約等工事監理仕様書に示された自然的又は人為的な履行条件が実際と相違すること。

五 工事監理仕様書に明示されていない履行条件について予期することのできない特別な状態が生じたこと。

2 発注者は、前項の規定による確認を請求されたとき又は自ら同項各号に掲げる事実を発見したときは、受注者の立会いの上、直ちに調査を行わなければならない。ただし、受注者が立会いに応じない場合には、受注者の立会いを得ずに行うことができる。

3 発注者は、受注者の意見を聴いて、調査の結果（これに対してとるべき措置を指示する必要があるときは、当該指示を含む。）をとりまとめ、調査の終了後14日以内に、その結果を受注者に通知しなければならない。ただし、その期間内に通知できないやむを得ない理由があるときは、あらかじめ、受注者の意見を聴いた上、当該期間を延長することができる。

4 前項の調査の結果により第1項各号に掲げる事実が確認された場合において、必要があると認められるときは、発注者は、工事監理仕様書の訂正又は変更を行わなければならない。

5 前項の規定により工事監理仕様書の訂正又は変更が行われた場合において、発注者は、必要があると認められるときは、履行期間若しくは業務委託料を変更し、又は受注者に損害を及ぼしたときは必要な費用を負担しなければならない。

（工事監理仕様書等の変更）

第15条 発注者は、前条第4項の規定によるほか、必要があると認めるときは、工事監理仕様書又は業務に関する指示（以下この条及び第17条において「工事監理仕様書等」という。）の変更内容を受注者に通知して、工事監理仕様書等を変更することができる。この場合において、発注者は、必要があると認められるときは履行期間若しくは業務委託料を変更し、又は受注者に損害を及ぼしたときは必要な費用を負担しなければならない。

（業務の中止）

第16条　発注者は、必要があると認めるときは、業務の中止内容を受注者に通知して、業務の全部又は一部を一時中止させることができる。

2　発注者は、前項の規定により業務を一時中止した場合において、必要があると認められるときは履行期間若しくは業務委託料を変更し、又は受注者が業務の続行に備え業務の一時中止に伴う増加費用を必要としたとき若しくは受注者に損害を及ぼしたときは必要な費用を負担しなければならない。

（業務に係る受注者の提案）

第17条　受注者は、工事監理仕様書等について、技術的又は経済的に優れた代替方法その他改良事項を発見し、又は発案したときは、発注者に対して、当該発見又は発案に基づき工事監理仕様書等の変更を提案することができる。

2　発注者は、前項に規定する受注者の提案を受けた場合において、必要があると認めるときは、工事監理仕様書等の変更を受注者に通知するものとする。

3　発注者は、前項の規定により工事監理仕様書等が変更された場合において、必要があると認められるときは、履行期間又は業務委託料を変更しなければならない。

（適正な履行期間の設定）

第18条　発注者は、履行期間の延長又は短縮を行うときは、この業務に従事する者の労働時間その他の労働条件が適正に確保されるよう考慮しなければならない。

（受注者の請求による履行期間の延長）

第19条　受注者は、その責めに帰すことができない事由により履行期間内に業務を完了することができないときは、その理由を明示した書面により発注者に履行期間の延長変更を請求することができる。

2　発注者は、前項の規定による請求があった場合において、必要があると認められるときは、履行期間を延長しなければならない。発注者は、その履行期間の延長が発注者の責めに帰すべき事由による場合においては、業務委託料について必要と認められる変更を行い、又は受注者に損害を及ぼしたときは必要な費用を負担しなければならない。

（発注者の請求による履行期間の短縮）

第20条　発注者は、特別の理由により履行期間を短縮する必要があるときは、履行期間の短縮変更を受注者に請求することができる。

2　発注者は、前項の場合において、必要があると認められるときは、業務委託料を変更し、又は受注者に損害を及ぼしたときは必要な費用を負担しなければならない。

（履行期間の変更方法）

第21条　履行期間の変更については、発注者と受注者とが協議して定める。ただし、協議開始の日から〇日以内に協議が整わない場合には、発注者が定め、受注者に通知する。

　　　［注］　〇の部分には、原則として、「14」と記入する。

2　前項の協議開始の日については、発注者が受注者の意見を聴いて定め、受注者に通知するものとする。ただし、発注者が履行期間の変更事由が生じた日（第19条の場合にあっては発注者が履行期間の変更の請求を受けた日、前条の場合にあっては受注者が履行期間の変更の請求

を受けた日）から7日以内に協議開始の日を通知しない場合には、受注者は、協議開始の日を定め、発注者に通知することができる。

（業務委託料の変更方法等）

第22条　業務委託料の変更については、発注者と受注者とが協議して定める。ただし、協議開始の日から○日以内に協議が整わない場合には、発注者が定め、受注者に通知する。

　　［注］　○の部分には、原則として、「14」と記入する。

2　前項の協議開始の日については、発注者が受注者の意見を聴いて定め、受注者に通知するものとする。ただし、発注者が業務委託料の変更事由が生じた日から7日以内に協議開始の日を通知しない場合には、受注者は、協議開始の日を定め、発注者に通知することができる。

3　この契約書の規定により、受注者が増加費用を必要とした場合又は損害を受けた場合に発注者が負担する必要な費用の額については、発注者と受注者とが協議して定める。

（一般的損害）

第23条　業務の完了前に、業務を行うにつき生じた損害（次条第1項又は第2項に規定する損害を除く。）については、受注者がその費用を負担する。ただし、その損害（工事監理仕様書に定めるところにより付された保険によりてん補された部分を除く。）のうち発注者の責めに帰すべき事由により生じたものについては、発注者が負担する。

（第三者に及ぼした損害）

第24条　業務を行うにつき第三者に及ぼした損害について、当該第三者に対して損害の賠償を行わなければならないときは、受注者がその賠償額を負担する。

2　前項の規定にかかわらず、同項に規定する賠償額（工事監理仕様書に定めるところにより付された保険によりてん補された部分を除く。）のうち、発注者の指示、貸与品等の性状その他発注者の責めに帰すべき事由により生じたものについては、発注者がその賠償額を負担する。ただし、受注者が、発注者の指示又は貸与品等が不適当であること等発注者の責めに帰すべき事由があることを知りながらこれを通知しなかったときは、この限りでない。

3　前2項の場合その他業務を行うにつき第三者との間に紛争を生じた場合においては、発注者及び受注者は協力してその処理解決に当たるものとする。

（業務委託料の変更に代える工事監理仕様書の変更）

第25条　発注者は、第13条から第17条まで、第19条、第20条、第23条又は第32条の規定により業務委託料を増額すべき場合又は費用を負担すべき場合において、特別の理由があるときは、業務委託料の増額又は負担額の全部又は一部に代えて工事監理仕様書を変更することができる。この場合において、工事監理仕様書の変更内容は、発注者と受注者とが協議して定める。ただし、協議開始の日から○日以内に協議が整わない場合には、発注者が定め、受注者に通知する。

　　［注］　○の部分には、原則として、「14」と記入する。

2　前項の協議開始の日については、発注者が受注者の意見を聴いて定め、受注者に通知しなければならない。ただし、発注者が同項の業務委託料を増額すべき事由又は費用を負担すべき事由が生じた日から7日以内に協議開始の日を通知しない場合には、受注者は、協議開始の日を定め、発注者に通知することができる。

（検査及び引渡し）

第26条 受注者は、業務を完了したときは、その旨を発注者に通知しなければならない。

2 発注者又は発注者が検査を行う者として定めた職員（以下「検査職員」という。）は、前項の規定による通知を受けたときは、通知を受けた日から10日以内に受注者の立会いの上、工事監理仕様書に定めるところにより、業務の完了を確認するための検査を完了し、当該検査の結果を受注者に通知しなければならない。

3 発注者は、前項の検査によって業務の完了を確認した後、受注者が業務報告書の引渡しを申し出たときは、直ちに当該業務報告書の引渡しを受けなければならない。

4 発注者は、受注者が前項の申出を行わないときは、当該業務報告書の引渡しを業務委託料の支払いの完了と同時に行うことを請求することができる。この場合においては、受注者は、当該請求に直ちに応じなければならない。

5 受注者は、業務が第2項の検査に合格しないときは、直ちに履行して発注者の検査を受けなければならない。この場合においては、履行の完了を業務の完了とみなして前各項の規定を準用する。

（業務委託料の支払い）

第27条 受注者は、前条第2項の検査に合格したときは、業務委託料の支払いを請求することができる。

2 発注者は、前項の規定による請求があったときは、請求を受けた日から30日以内に業務委託料を支払わなければならない。

3 発注者がその責めに帰すべき事由により前条第2項の期間内に検査を完了しないときは、その期限を経過した日から検査を完了した日までの期間の日数は、前項の期間（以下この項において「約定期間」という。）の日数から差し引くものとする。この場合において、その遅延日数が約定期間の日数を超えるときは、約定期間は、遅延日数が約定期間の日数を超えた日において満了したものとみなす。

（部分払）

第28条 受注者は、業務の完了前に、出来形部分に相応する業務委託料相当額の10分の9以内の額について、次項から第7項までに定めるところにより部分払を請求することができる。ただし、この請求は、履行期間中○回を超えることができない。

　［注］　部分払を行わない場合には、この条を削除する。

2 受注者は、部分払を請求しようとするときは、あらかじめ、当該請求に係る出来形部分の確認を発注者に請求しなければならない。

3 発注者は、前項の場合において、当該請求を受けた日から10日以内に、受注者の立会いの上、工事監理仕様書に定めるところにより、同項の確認をするための検査を行い、当該確認の結果を受注者に通知しなければならない。

4 前項の場合において、検査に直接要する費用は、受注者の負担とする。

5 受注者は、第3項の規定による確認があったときは、部分払を請求することができる。この場合においては、発注者は、当該請求を受けた日から14日以内に部分払金を支払わなければならない。

6　部分払金の額は、次の式により算定する。この場合において第1項の業務委託料相当額は、発注者と受注者とが協議して定める。ただし、発注者が第3項の通知をした日から〇日以内に協議が整わない場合には、発注者が定め、受注者に通知する。

　　　部分払金の額 ≦ 第1項の業務委託料相当額 ×（9／10）

　　［注］　〇の部分には、原則として、「10」と記入する。

7　第5項の規定により部分払金の支払いがあった後、再度部分払の請求をする場合においては、第1項及び第6項中「業務委託料相当額」とあるのは「業務委託料相当額から既に部分払の対象となった業務委託料相当額を控除した額」とするものとする。

（国庫債務負担行為に係る契約の特則）

第29条　国庫債務負担行為（以下「国債」という。）に係る契約において、各会計年度における業務委託料の支払いの限度額（以下「支払限度額」という。）は、次のとおりとする。

年　度	円
年　度	円
年　度	円

　　［注］　本条及び次条は、この契約が国債に基づく場合に使用する。

2　支払限度額に対応する各会計年度の出来高予定額は、次のとおりである。

年　度	円
年　度	円
年　度	円

3　発注者は、予算上の都合その他の必要があるときは、第1項の支払限度額及び前項の出来高予定額を変更することができる。

（国債に係る契約の部分払の特則）

第30条　国債に係る契約において、前会計年度末における業務委託料相当額が前会計年度までの出来高予定額を超えた場合においては、受注者は、当該会計年度の当初に当該超過額について部分払を請求することができる。ただし、契約会計年度以外の会計年度においては、受注者は、予算の執行が可能となる時期以前に部分払の支払いを請求することはできない。

2　各会計年度において、部分払を請求できる回数は、次のとおりとする。

年　度	回
年　度	回
年　度	回

（第三者による代理受領）

第31条　受注者は、発注者の承諾を得て業務委託料の全部又は一部の受領につき、第三者を代理人とすることができる。

2　発注者は、前項の規定により受注者が第三者を代理人とした場合において、受注者の提出する支払請求書に当該第三者が受注者の代理人である旨の明記がなされているときは、当該第三者に対して第27条又は第28条の規定に基づく支払いをしなければならない。

（部分払金の不払いに対する受注者の業務中止）

第32条　受注者は、発注者が第28条の規定に基づく支払いを遅延し、相当の期間を定めてそ

の支払いを請求したにもかかわらず支払いをしないときは、業務の全部又は一部を一時中止することができる。この場合においては、受注者は、その理由を明示した書面により、直ちにその旨を発注者に通知しなければならない。

2　発注者は、前項の規定により受注者が業務を一時中止した場合において、必要があると認められるときは履行期間若しくは業務委託料を変更し、又は受注者が増加費用を必要とし、若しくは受注者に損害を及ぼしたときは必要な費用を負担しなければならない。

（債務不履行に対する受注者の責任）

第33条　受注者がこの契約に違反した場合、その効果がこの契約に定められているもののほか、発注者は、受注者に対して相当の期間を定めて履行を請求し、又は履行の請求とともに損害の賠償を請求することができる。ただし、損害賠償については、当該債務の不履行がこの契約及び取引上の社会通念に照らして受注者の責めに帰することができない事由によるものであるときは、この限りではない。

2　前項において受注者が負うべき責任は、第26条第2項又は第28条第3項の規定による検査に合格したことをもって免れるものではない。

3　第1項の規定による履行又は損害賠償の請求は、第26条第3項又は第4項の規定により工事監理業務が完了した日から本件建築物の工事完成後2年以内に行わなければならない。ただし、その違反が受注者の故意又は重大な過失により生じた場合は、当該請求をできる期間は、工事監理業務完了の日から10年とする。

4　発注者は、工事監理業務の完了の際に受注者のこの契約に関して違反があることを知ったときは、第1項の規定にかかわらず、その旨を直ちに受注者に通知しなければ、当該履行の請求又は損害賠償の請求をすることはできない。ただし、受注者がその違反があることを知っていたときは、この限りでない。

5　第1項の規定は、受注者の契約違反が工事監理仕様書の記載内容、発注者の指示又は貸与品等の性状により生じたものであるときは適用しない。ただし、受注者がその記載内容、指示又は貸与品等が不適当であることを知りながらこれを通知しなかったときは、この限りでない。

（発注者の任意解除権）

第34条　発注者は、業務が完了するまでの間は、次条又は第36条の規定によるほか、必要があるときは、この契約を解除することができる。

2　発注者は、前項の規定によりこの契約を解除したことにより受注者に損害を及ぼしたときは、その損害を賠償しなければならない。

（発注者の催告による解除権）

第35条　発注者は、受注者が次の各号のいずれかに該当するときは、相当の期間を定めてその履行の催告をし、その期間内に履行がないときはこの契約を解除することができる。ただし、その期間を経過した時における債務の不履行がこの契約及び取引上の社会通念に照らして軽微であるときは、この限りでない。

一　第5条第4項に規定する書類を提出せず、又は虚偽の記載をしてこれを提出したとき。

［注］　第1号は第5条第3項を使用しない場合は削除する。

二　正当な理由なく、業務に着手すべき期日を過ぎても業務に着手しないとき。

三　履行期間内に完了しないとき又は履行期間経過後相当の期間内に業務を完了する見込みがないと認められるとき。

四　管理技術者を配置しなかったとき。

五　正当な理由なく、第33条第1項の履行がなされないとき。

六　前各号に掲げる場合のほか、この契約に違反したとき。

（発注者の催告によらない解除権）

第36条　発注者は、受注者が次の各号のいずれかに該当するときは、直ちにこの契約を解除することができる。

一　第5条第1項の規定に違反して業務委託料債権を譲渡したとき。

二　第5条第4項の規定に違反して譲渡により得た資金を当該業務の履行以外に使用したとき。

　　［注］　第2号は第5条第3項を使用しない場合は削除する。

三　この契約の業務を完了させることができないことが明らかであるとき。

四　受注者がこの契約の業務の完了の債務の履行を拒絶する意思を明確に表示したとき。

五　受注者の債務の一部の履行が不能である場合又は受注者がその債務の一部の履行を拒絶する意思を明確に表示した場合において、残存する部分のみでは契約をした目的を達することができないとき。

六　契約の性質や当事者の意思表示により、特定の日時又は一定の期間内に履行しなければ契約をした目的を達することができない場合において、受注者が履行をしないでその時期を経過したとき。

七　前各号に掲げる場合のほか、受注者がその債務の履行をせず、発注者が前条の催告をしても契約をした目的を達するのに足りる履行がされる見込みがないことが明らかであるとき。

八　暴力団（暴力団員による不当な行為の防止等に関する法律（平成3年法律第77号）第2条第2号に規定する暴力団をいう。以下この条において同じ。）又は暴力団員（暴力団員による不当な行為の防止等に関する法律第2条第6号に規定する暴力団員をいう。以下この条において同じ。）が経営に実質的に関与していると認められる者に業務委託料債権を譲渡したとき。

九　第38条又は第39条の規定によらないでこの契約の解除を申し出たとき。

十　受注者（受注者が設計共同体であるときは、その構成員のいずれかの者。以下この号において同じ。）が次のいずれかに該当するとき。

　イ　役員等（受注者が個人である場合にはその者その他経営に実質的に関与している者を、受注者が法人である場合にはその役員、その支店又は常時建築工事監理業務の契約を締結する事務所の代表者その他経営に実質的に関与している者をいう。以下この号において同じ。）が、暴力団又は暴力団員であると認められるとき。

　ロ　役員等が、自己、自社若しくは第三者の不正の利益を図る目的又は第三者に損害を加える目的をもって、暴力団又は暴力団員を利用するなどしていると認められるとき。

　ハ　役員等が、暴力団又は暴力団員に対して資金等を供給し、又は便宜を供与するなど直接的あるいは積極的に暴力団の維持、運営に協力し、若しくは関与していると認められるとき。

ニ　役員等が、暴力団又は暴力団員であることを知りながらこれを不当に利用するなどしているると認められるとき。

ホ　役員等が、暴力団又は暴力団員と社会的に非難されるべき関係を有していると認められるとき。

ヘ　再委託契約その他の契約に当たり、その相手方がイからホまでのいずれかに該当することを知りながら、当該者と契約を締結したと認められるとき。

ト　受注者が、イからホまでのいずれかに該当する者を再委託契約その他の契約の相手方としていた場合（ヘに該当する場合を除く。）に、発注者が受注者に対して当該契約の解除を求め、受注者がこれに従わなかったとき。

（発注者の責めに帰すべき事由による場合の解除の制限）

第37条　第35条各号又は前条各号に定める場合が発注者の責めに帰すべき事由によるものであるときは、発注者は、前2条の規定による契約の解除をすることができない。

（受注者の催告による解除権）

第38条　受注者は、発注者がこの契約に違反したときは、相当の期間を定めてその履行の催告をし、その期間内に履行がないときは、この契約を解除することができる。ただし、その期間を経過した時における債務の不履行がこの契約及び取引上の社会通念に照らして軽微であるときは、この限りでない。

（受注者の催告によらない解除権）

第39条　受注者は、次の各号のいずれかに該当するときは、直ちにこの契約を解除することができる。

一　第15条の規定により工事監理仕様書を変更したため業務委託料が3分の2以上減少したとき。

二　第16条の規定による業務の中止期間が履行期間の10分の5（履行期間の10分の5が6月を超えるときは、6月）を超えたとき。ただし、中止が業務の一部のみの場合は、その一部を除いた他の部分の業務が完了した後3月を経過しても、なおその中止が解除されないとき。

（受注者の責めに帰すべき事由による場合の解除の制限）

第40条　第38条又は前条各号に定める場合が受注者の責めに帰すべき事由によるものであるときは、受注者は、前2条の規定による契約の解除をすることができない。

（解除の効果）

第41条　この契約が解除された場合には、第1条第2項に規定する発注者及び受注者の義務は消滅する。

2　前項の規定にかかわらず、出来形部分がある場合において、発注者は、出来形部分に係る確認後、出来形部分に相応する業務委託料相当額から既に部分払の対象となった業務委託料相当額に対して支払った額を控除した額を受注者に支払わなければならない。なお、出来形部分に相応する業務委託料相当額は、発注者と受注者とが協議して定めるものとし、協議開始の日から14日以内に協議が整わない場合には、発注者が定め、受注者に通知する。

（解除に伴う措置）

第42条　受注者は、この契約が業務の完了前に解除された場合において、貸与品等があるとき

は、当該貸与品等を発注者に返還しなければならない。この場合において、当該貸与品等が受注者の故意又は過失により滅失又はき損したときは、代品を納め、若しくは原状に復して返還し、又は返還に代えてその損害を賠償しなければならない。

2　前項前段に規定する受注者のとるべき措置の期限、方法等については、この契約の解除が第35条、第36条又は次条第3項によるときは発注者が定め、第34条、第38条又は第39条の規定によるときは受注者が発注者の意見を聴いて定めるものとし、前項後段に規定する受注者のとるべき措置の期限、方法等については、発注者が受注者の意見を聴いて定めるものとする。

3　業務の完了後にこの契約が解除された場合は、解除に伴い生じる事項の処理については発注者及び受注者が民法の規定に従って協議して決める。

（発注者の損害賠償請求等）

第43条　発注者は、受注者が次の各号のいずれかに該当するときは、これによって生じた損害の賠償を請求することができる。

一　履行期間内に業務を完了することができないとき。

二　債務不履行があるとき。

三　第35条又は第36条の規定により業務の完了後にこの契約が解除されたとき。

四　前3号に掲げる場合のほか、債務の本旨に従った履行をしないとき又は債務の履行が不能であるとき。

2　次の各号のいずれかに該当するときは、前項の損害賠償に代えて、受注者は、業務委託料の10分の1に相当する額を違約金として発注者の指定する期間内に支払わなければならない。

一　第35条又は第36条の規定により業務の完了前にこの契約が解除されたとき。

二　業務の完了前に、受注者がその債務の履行を拒否し、又は受注者の責めに帰すべき事由によって受注者の債務について履行不能となったとき。

3　次の各号に掲げる者がこの契約を解除した場合は、前項第2号に該当する場合とみなす。

一　受注者について破産手続開始の決定があった場合において、破産法（平成16年法律第75号）の規定により選任された破産管財人

二　受注者について更生手続開始の決定があった場合において、会社更生法（平成14年法律第154号）の規定により選任された管財人

三　受注者について再生手続開始の決定があった場合において、民事再生法（平成11年法律第225号）の規定により選任された再生債務者等

4　第1項各号又は第2項各号に定める場合（前項の規定により第2項第2号に該当する場合とみなされる場合を除く。）がこの契約及び取引上の社会通念に照らして受注者の責めに帰することができない事由によるものであるときは、第1項及び第2項の規定は適用しない。

5　第1項第1号に該当し、発注者が損害の賠償を請求する場合の請求額は、業務委託料から既に部分払の対象となった業務委託料相当額を控除した額につき、遅延日数に応じ、年3パーセントの割合で計算した額とする。

6　第2項の場合（第36条第8号及び第10号の規定により、この契約が解除された場合を除く。）において、第4条の規定により契約保証金の納付又はこれに代わる担保の提供が行われているときは、発注者は、当該契約保証金又は担保をもって同項の違約金に充当することができる。

（談合等不正行為があった場合の違約金等）

第44条 受注者（設計共同体にあっては、その構成員）が、次に掲げる場合のいずれかに該当したときは、受注者は、発注者の請求に基づき、業務委託料（この契約締結後、業務委託料の変更があった場合には、変更後の業務委託料）の10分の1に相当する額を違約金として発注者の指定する期間内に支払わなければならない。

一 この契約に関し、受注者が私的独占の禁止及び公正取引の確保に関する法律（昭和22年法律第54号。以下「独占禁止法」という。）第3条の規定に違反し、又は受注者が構成事業者である事業者団体が独占禁止法第8条第1号の規定に違反したことにより、公正取引委員会が受注者に対し、独占禁止法第7条の2第1項（独占禁止法第8条の3において準用する場合を含む。）の規定に基づく課徴金の納付命令（以下「納付命令」という。）を行い、当該納付命令が確定したとき（確定した当該納付命令が独占禁止法第63条第2項の規定により取り消された場合を含む。）。

二 納付命令又は独占禁止法第7条若しくは第8条の2の規定に基づく排除措置命令（これらの命令が受注者又は受注者が構成事業者である事業者団体（以下「受注者等」という。）に対して行われたときは、受注者等に対する命令で確定したものをいい、受注者等に対して行われていないときは、各名宛人に対する命令すべてが確定した場合における当該命令をいう。次号において「納付命令又は排除措置命令」という。）において、この契約に関し、独占禁止法第3条又は第8条第1号の規定に違反する行為の実行としての事業活動があったとされたとき。

三 納付命令又は排除措置命令により、受注者等に独占禁止法第3条又は第8条第1号の規定に違反する行為があったとされた期間及び当該違反する行為の対象となった取引分野が示された場合において、この契約が、当該期間（これらの命令に係る事件について、公正取引委員会が受注者に対し納付命令を行い、これが確定したときは、当該納付命令における課徴金の計算の基礎である当該違反する行為の実行期間を除く。）に入札（見積書の提出を含む。）が行われたものであり、かつ、当該取引分野に該当するものであるとき。

四 この契約に関し、受注者（法人にあっては、その役員又は使用人を含む。）の刑法（明治40年法律第45号）第96条の6又は独占禁止法第89条第1項若しくは第95条第1項第1号に規定する刑が確定したとき。

2 受注者が前項の違約金を発注者の指定する期間内に支払わないときは、受注者は、当該期間を経過した日から支払いをする日までの日数に応じ、年3パーセントの割合で計算した額の遅延利息を発注者に支払わなければならない。

（受注者の損害賠償請求等）

第45条 受注者は、発注者が次の各号のいずれかに該当する場合はこれによって生じた損害の賠償を請求することができる。ただし、当該各号に定める場合がこの契約及び取引上の社会通念に照らして発注者の責めに帰することができない事由によるものであるときは、この限りでない。

一 第38条又は第39条の規定によりこの契約が解除されたとき。

二 前号に掲げる場合のほか、債務の本旨に従った履行をしないとき又は債務の履行が不能であるとき。

2　第27条第2項の規定による業務委託料の支払いが遅れた場合においては、受注者は、未受領金額につき、遅延日数に応じ、年2.5パーセントの割合で計算した額の遅延利息の支払いを発注者に請求することができる。

（保　　険）

第46条　受注者は、工事監理仕様書に基づき保険を付したとき又は任意に保険を付しているときは、当該保険に係る証券又はこれに代わるものを直ちに発注者に提示しなければならない。

（賠償金等の徴収）

第47条　受注者がこの契約に基づく賠償金、損害金又は違約金を発注者の指定する期間内に支払わないときは、発注者は、その支払わない額に発注者の指定する期間を経過した日から業務委託料支払いの日まで年3パーセントの割合で計算した利息を付した額と、発注者の支払うべき業務委託料とを相殺し、なお不足があるときは追徴する。

2　前項の追徴をする場合には、発注者は、受注者から遅延日数につき年3パーセントの割合で計算した額の延滞金を徴収する。

（紛争の解決）

第48条　この契約書の各条項において発注者と受注者とが協議して定めるものにつき協議が整わなかったときに発注者が定めたものに受注者が不服がある場合その他この契約に関して発注者と受注者との間に紛争を生じた場合には、発注者及び受注者は、契約書記載の調停人のあっせん又は調停によりその解決を図る。この場合において、紛争の処理に要する費用については、発注者と受注者とが協議して特別の定めをしたものを除き、発注者と受注者とがそれぞれ負担する。

2　前項の規定にかかわらず、管理技術者の業務の実施に関する紛争、受注者の使用人又は受注者から業務を委任され、又は請け負った者の業務の実施に関する紛争及び調査職員の職務の執行に関する紛争については、第10条第2項の規定により受注者が決定を行った後若しくは同条第4項の規定により発注者が決定を行った後又は発注者若しくは受注者が決定を行わずに同条第2項若しくは第4項の期間が経過した後でなければ、発注者及び受注者は、第1項のあっせん又は調停の手続を請求することができない。

3　第1項の規定にかかわらず、発注者又は受注者は、必要があると認めるときは、同項に規定する手続前又は手続中であっても同項の発注者と受注者との間の紛争について民事訴訟法（明治23年法律第29号）に基づく訴えの提起又は民事調停法（昭和26年法律第222号）に基づく調停の申立てを行うことができる。

　　［注］　本条は、あらかじめ調停人を選任する場合に規定する条文である。

4　発注者又は受注者は、申し出により、この契約書の各条項の規定により行う発注者と受注者との間の協議に第1項の調停人を立ち会わせ、当該協議が円滑に整うよう必要な助言又は意見を求めることができる。この場合における必要な費用の負担については、同項後段の規定を準用する。

　　［注］　第4項は、調停人を協議に参加させない場合には、削除する。

（情報通信の技術を利用する方法）

第49条　この契約書において書面により行わなければならないこととされている指示等は、法

令に違反しない限りにおいて、電磁的方法を用いて行うことができる。ただし、当該方法は書面の交付に準ずるものでなければならない。

(契約外の事項)

第50条 この契約書に定めのない事項については、必要に応じて発注者と受注者とが協議して定める。

（別紙）

建築士法第22条の3の3に定める記載事項

対象となる建築物の概要	
業務の種類、内容及び方法	

工事と設計図書との照合の方法及び工事監理の実施の状況に関する報告の方法	

工事監理に従事することとなる建築士・建築設備士	
【氏名】： 【資格】：（　　　　）建築士　　　　【登録番号】：	
【氏名】： 【資格】：（　　　　）建築士　　　　【登録番号】：	
（建築設備の工事監理に関し意見を聴く者） 【氏名】： 【資格】：（　　　　）設備士　　　　【登録番号】： 　　　　　（　　　　）建築士	

※従事することとなる建築士が構造設計及び設備設計一級建築士である場合にはその旨記載する。

建築士事務所の名称	
建築士事務所の所在地	
区分（一級、二級、木造）	（　　　）建築士事務所
開設者氏名	（法人の場合は開設者の名称及び代表者氏名）

建築工事監理業務委託契約書の運用基準の制定について

国官地第 3 - 3 号
平成 13 年 2 月 15 日
最終改正　国 地 契 第 14 号
国 北 予 第 17 号
令和 2 年 6 月 5 日

各地方整備局長等　　あて

国土交通省大臣官房長

建築工事監理業務委託契約書の運用基準の制定について

平成 13 年 2 月 15 日以降に締結する建築工事監理業務委託契約に係る建築工事監理業務委託契約書については、「建築工事監理業務委託契約書の制定について」(平成 13 年 2 月 15 日付け国官地第 3-2 号) をもって通知されたところであるが、その運用基準を左記のとおり定めたので、取扱いに遺憾なきを期せられたい。

記

対象業務関係

建築工事監理業務委託契約書は、工事監理業務を対象とする。

第 2 条関係

第 1 項において、本契約書に定める指示、催告、請求、通知、報告、申出、承諾、質問、回答及び解除といった行為については、その明確化を図るため、書面で必ず行うこととされたので、その趣旨を十分配慮し遺憾のないよう措置すること。

第 3 条関係

⑴　第 1 項の「○日」については、履行期間、業務の態様等により 14 日とすることが妥当でない場合は、当該事情を斟酌の上、必要な範囲内で伸張又は短縮した日数を記載できるものであること。

⑵　第 2 項の「○日」については、履行期間、業務の態様等により 7 日とすることが妥当でない場合は、当該事情を斟酌の上、必要な範囲内で伸張又は短縮した日数を記載できるものであること。

第 4 条関係

[注] において、「契約の保証を免除する場合」とは、次の各号のいずれかに該当する場合をいう。

一　予算決算及び会計令（昭和 22 年勅令第 165 号）第 100 条の 2 第 1 項第 1 号の規定により契約書の作成を省略できる建築工事監理業務委託契約である場合

二　一般的な業務であって、業務の内容及び性格等から契約の保証の必要がないと認められる場合

第 7 条関係

第 3 項の「その他必要な事項」とは、業務の一部を委任し、又は請け負わせた者の住所、委任し又は請け負わせた業務の内容、当該業務の担当責任者の名称等を含むものであること。

第 11 条関係

契約の履行についての報告とは、過去の履行状況についての報告のみでなく、業務計画書等の履行計画についての報告も含むものであること。

第 14 条関係

第 4 項は第 2 条第 1 項の特則を規定したものでなく、契約書でなく工事監理仕様書において権限が創設される調査職員の指示又は承諾について、原則、書面によることを定めたものである。

第 16 条関係

第 2 項の「増加費用」とは、中止期間中、業務の続行に備えるため労働者、機械器具等を保持するために必要とされる費用、中止に伴い不要となった労働者、機械器具等の配置転換に要する費用、業務を再開するため労働者、機械器具等を作業現場に搬入する費用等をいう。

第 21 条関係

(1)　第 1 項の「履行期間の変更」とは、第 13 条、第 14 条第 5 項、第 15 条、第 16 条第 2 項、第 17 条第 3 項、第 19 条第 1 項、第 20 条第 1 項及び第 32 条第 2 項の規定に基づくものをいう。

(2)　第 1 項の「〇日」については、履行期間、業務の態様等により 14 日とすることが妥当でない場合は、当該事情を斟酌の上、十分な協議が行える範囲で伸張又は短縮した日数を記載できるものであること。

(3)　第 2 項にいう「履行期間の変更事由が生じた日」とは、第 13 条においては、調査職員が履行の請求を行った日、第 14 条第 5 項においては、設計図書の訂正又は変更が行われた日、第 15 条においては、工事監理仕様書等の変更が行われた日、第 16 条第 2 項においては、契約担当官等が業務の一時中止を通知した日、第 17 条第 3 項においては、工事監理仕様書等の変更が行われた日、第 32 条第 2 項においては、受注者が業務の一時中止を通知した日とする。

第22条関係

(1) 第1項の「業務委託料の変更」とは、第13条、第14条第5項、第15条、第16条第2項、第17条第3項、第19条第2項、第20条第2項及び第32条第2項の規定に基づくものをいう。

(2) 第1項の「○日」については、履行期間、業務の態様等により14日とすることが妥当でない場合は、当該事情を斟酌の上、十分な協議が行える範囲で伸張又は短縮した日数を記載できるものであること。

(3) 第2項にいう「業務委託料の変更事由が生じた日」とは、第13条においては、調職職員が履行の請求を行った日、第14条第5項においては、工事監理仕様書の訂正又は変更が行われた日、第15条においては、工事監理仕様書等の変更が行われた日、第16条第2項においては、契約担当官等が業務の一時中止を通知した日、第17条第3項においては、工事監理仕様書等の変更が行われた日、第19条第2項においては、受注者が同条第1項の請求を行った日、第20条第2項においては、契約担当官等が同条第1項の請求を行った日、第32条第2項においては、受注者が業務の一時中止を通知した日とする。

(4) 第3項の「受注者が増加費用を必要とした場合又は損害を受けた場合」とは、第13条、第15条、第16条第2項、第19条第2項、第20条第2項及び第32条第2項の規定に基づくものをいう。

第25条関係

第1項の「○日」については、履行期間、業務の態様等により14日とすることが妥当でない場合は、当該事情を斟酌の上、十分な協議が行える範囲で伸張又は短縮した日数を記載できるものであること。

第28条関係

第6項の「○日」については、履行期間、業務の態様等により10日とすることが妥当でない場合は、当該事情を斟酌の上、十分な協議が行える範囲で伸張又は短縮した日数を記載できるものであること。

第29条関係

契約担当官等は、調達手続において契約書の案を競争参加者又は見積書を徴する相手方に掲示するときは、次に掲げる事項を了知させること。

(1) 各会計年度における業務委託料の支払いの限度額（○年度○％と割合で明示すること。）

(2) 各会計年度における業務委託料の支払いの限度額及び出来高予定額は、受注者決定後契約書を作成するまでに落札者に通知すること。

第43条関係

(1) 検査期間は、遅延日数に算入しないこと。

(2) 履行期間内に業務が完了し、検査の結果不合格の場合には、完了した日から契約書記載の

業務完了の日までの日数は、履行日数から差し引いて遅延日数を算定すること。

第 48 条関係

　　本条を採用する場合には、鑑定等の費用、調停人に対する謝礼等紛争の処理に要する費用の
　負担について、あらかじめ定めておくこと。

Ⅲ　公共建築設計者情報システム（PUBDIS）

公共建築設計者情報システム（ＰＵＢＤＩＳ）

1．PUBDISとは

　公共建築設計者情報システム（ＰＵＢＤＩＳ：PUblic Building Designers Information System）は、公共建築の設計者選定を支援することを目的として国土交通省及び営繕積算システム等開発利用協議会（都道府県・政令指定都市で構成）等により平成8年に開発され、設計事務所が提供するデータを公共発注機関が利用する有料データベースシステムである。

　公共発注機関が、設計者を選定する場合において、計画する施設の概要など建物に関する業務の実績情報等をＰＵＢＤＩＳのデータをもとに条件検索し、プロポーザル方式などにより設計事務所を選定するための、透明性のある資料として利用することを想定している。令和6年4月現在、年間を通した利用設計事務所は約1,200社、利用公共発注機関等は約190機関にのぼり、各プロジェクトで有効活用されている。

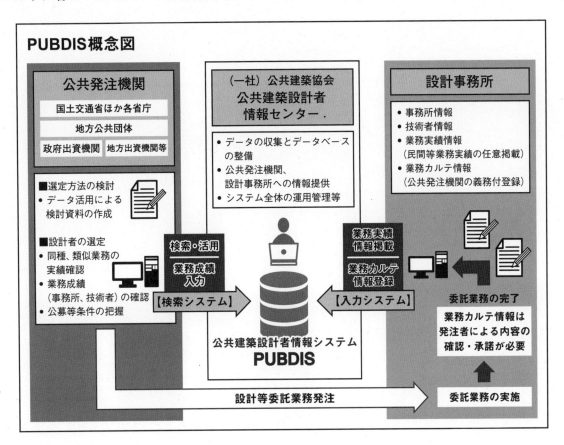

2．PUBDIS入力システムとは

　ＰＵＢＤＩＳには、公共発注機関がデータを評価・検索する検索システムと、データを提供する設計事務所等が利用する入力システムがある。入力システムとは、設計事務所が公共発注機関から受注した官公庁施設及び公共住宅等の建築設計等業務（意匠設計・構造設計・設備設計・工事監理及び団地計画等）の実績を「業務カルテ」情報として登録するシステムである。また、通常登録を利用された場合（年度利用）は、民間発注された業務を含む実績を「業務実績情報」として登録できる。

　関連情報 URL：https://www.pbaweb.jp/pubdis/

公共建築設計業務委託共通仕様書
建築工事監理業務委託共通仕様書
令和6年版

定価2,750円（本体2,500円＋税10%）　送料実費

令和6年5月27日　　第1刷　発行

〔検印省略〕

監　修
国土交通省大臣官房官庁営繕部

編集・発行
一般社団法人　公共建築協会

〒104-0033　東京都中央区新川1-24-8
東熱新川ビル6階
電話　03（3523）0381
FAX　03（3523）1826
URL　https://www.pbaweb.jp/

印刷・製本／磯﨑印刷株式会社

ISBN978-4-908525-54-4
C3052

この印刷物は、環境等に配慮して再生紙を使用し、併せて植物性大豆油インキを使用しています。